고독을 품고 사는
시니피앙들

고독을 품고 사는 시니피앙들

정다정 시집

도서출판 천우

● 자서

이 시대의 삶은 고단하다. 아무렇게나 연결되는 무의식의 삶 일정한 제재 없이 제멋대로이지만 그래도 어려운 강은 있다. 제발 나에게 태클을 걸지 말기 바란다. 함부로 잉태하지 말 것이며 함부로 행동하지 말 것. 이것은 세계의 법칙으로서 내게는 해당되지 않는다.

나는 정당하다.

정당한 나에게 누가 나무랄 수 있는가. 나는 자제력이 없다. 나는 핸들 없는 바퀴다. 이런 나에게 누가 후원자가 되어 줄 것인가. 부표처럼 떠도는 삶이기에 구원의 손길도 없다. 내 몸이 닿으면 사물들은 분열한다. 나는 뿌리가 없다. 허공에 떠도는 타자다.

언제쯤 뿌리를 내리고 안정된 곳에 정착할 것인가.

삶은 지금도 진행 중이다.

2013년 6월

정다정

나는 밤마다 꿈을 꾼다. 길가에 좌판을 벌여놓고
채소를 팔기도 하고 집으로 돌아가는 길을 잃고 허둥대기도 했다.
어느 날은 여럿이 소복하고 일렬로 줄을 서서 산에
올라가기도 했으며 어린아이가 흙탕물에 빠져 허우적거리다
내가 보듬어 안으니 옷이 깨끗해졌다. 재래시장 넓은 진열대에
물건이 가득 놓여 있다. 주인이 흰 종이에 사인하고 가져가라고
한다. 사인하고 한참 고르다 보니 진열대의 물건이 다 없어졌다.
허탈한 마음으로 하나 남은 떡을 들었다.
이런 내면 의식은 꿈이 이끄는 대로 나를 몰아갔고
나는 순순히 따랐다.

제1부

고독을 품고 사는 시니피앙들

- 자서
- 첩부

제2부

바다를 꿈꾸던 바위

제3부

그녀의 눈동자 속엔 그늘이 있다

제4부

모든 상처에 꽃이 핀다

제1부

고독을 품고 사는 시니피앙들

벌레 방

벌레 방에 들어갔다 최소한 몸을 웅크리고 비좁은 공간 속으로 들이대는 나를 보고 벌레들은 방어태세를 취한다 나는 뒹굴었다 벌레와 한 몸이 되어 작아지고 작아져서 결국 벌레만큼 되었다 벌레가 먹는 음식을 먹고 벌레 눈을 가졌다 벌레처럼 행세를 했다 그들은 나를 모른다 아마 사촌쯤으로 알고 있을 것이다 가냘픈 숨소리가 여기저기서 흘러나오고 몇몇은 남의 등 위에 얹혀 자고 있었다 나는 할 수 없이 왕 벌레의 큰 눈 속으로 스며들었다 편안하게 벌레의 눈으로 밖을 보고 세상 물정을 감지할 수 있었다 벌레의 자양분을 먹고 그가 지향하는 모든 방향을 조절했다 그러나 일시적인 현상일 뿐 길게 가지는 못했다 눈을 감고 보여주지도 않고 맑은 공기를 마셔주지도 않았다 특히 먹어주지 않아 허기가 졌다 죽음을 무릅쓰고 튀어나왔다

나는 방향을 잃고 나뭇가지에 걸쳐 있었다 사냥나가던 개미들이 떠밀고 숲 속으로 들어간다 나를 마당 한복판 통나무에 묶어두고 큰 잔치가 벌어졌다 가는 허리가 휘어지고 땅이 꺼지도록 발을 구르며 춤을 추기 시작했다 자정이 넘어서야 각자의 방으로 들어갔다 갑자기 장대비가 쏟아진다 억수로 쏟아지는 비에 마당은 강이 되고 나는 둥둥 떠내려가고 있는 내 모습을 멀리서 바라보고 있었다

서울의 밤

손 손에 촛불 켜들고 인의 물살 이룬 종로 네거리
불의 물결, 거대한 고대도시도 휩쓸어버릴 것 같은
노도怒濤는 어둠에 묻히고
밤이 되면 거리는 자동차 불꽃으로 현란하다
사람들은 하나 둘 떨어지는 불빛 끌어안고
반복되는 우울 앞에 기를 펴지 못 한다
누구는 웃고 누구는 우는 비정한 갈림길에서
누추한 식솔들은 누워 있다
그렇게 도도한 밤은 흘러가고
새벽이면 성당의 종소리에 눈을 뜬다
조용한 거리 어제의 광기는 찾아볼 수 없다

빵 같은 공기 같은 물 같은 소년 소녀들이 나부끼는 거리엔
구름이 몰려와 뒹굴고
아이들은 철없이 바라보며 순수를 노래한다
미래의 주체들, 꿈의 질량 보듬고 거리를 누빈다

갈망하고 단절되고 너와 내가 함께하는 일상 속에서도
교향곡은 흘러나오고
허름한 사고를 걸치고 밤거리를 활보하는 군중들은
재색 빛깔의 옷을 입고 항상 느린 걸음이다
먼지와 소음, 기억과 상실, 매춘이 난무하는

서울의 밤은 깊어가고
유리창에 흘러내린 질퍽한 불빛들
도시인들은 불안하다 좌절한다 흐느껴 운다

고독을 품고 사는 시니피앙들

— 밤의 산책

1

고가古家의 마루에 앉아 생각에 잠기고 있었다
농부가 점심을 기다리고
노파는 밥 준비에 분주하다
농부가 나를 보고 창녀가 있는 마루에서는
밥을 먹지 않겠다고 한다
나는 아무 말 없이 있다가 이런 모욕이
어디가 있냐고 대들었다
슬그머니 논에 나가 타작하는
농부의 모습이 평화롭다
나는 어슬렁어슬렁 들판을 걸었다
한가로운 내가 처량하게 보였다
오죽하면 농부가 창녀라고 할까
나는 혼자다 할 일이 없다 가고 싶은 곳도 없고
먹고 싶은 것도 없다

2

대열에 끼어 길을 가고 있었다
빈터가 있는 동네 앞을
일렬종대 줄을 지어 올라갔다

도중 우물에서 한 대원이 물을 길러 가고 있었다
나는 두레박으로 퍼 올렸으나
워낙 바닥이 얕은 흙물이라 쏟아버렸다
나는 곧장 대열에 합류했고
다른 대원들은 여기저기 흩어져 쉬고 있었다
누군가 아는 척했으나 모르는 여자다
거리의 군중들이 산으로 이동 중에
나무 없는 중턱을 무리지어 가고 있었다

3

허공 속으로 튕겨져 나간 자아
내 의식 세계에 구멍이 뚫렸다
나는 구멍을 메우기 위해 또 하나의 자아를 불러들였다
이 자아는 아무것도 모른다
내게서 벗어나기 위한 수단으로
어쩔 땐 빈 가마솥에 장작불을 지피고
심부름 시키면 방향 몰라 허둥대기도 한다
나는 머리를 한 대 때려주었다
그렇게 능청 떨 작정이라면 멋대로 살아
나는 또 자아를 불러들였다

이 자아는 눈물 흘리며 내 옷자락 붙들고 통사정한다
배가 고파 울안에 가둬둔 하나뿐인 칠면조를 잡아먹고
잔재는 땅속에 묻었어요 아무도 모르게
꼭꼭 깊은 곳에 묻었어요

4

그는 오랜만에 마음의 병상에서 벗어나 거리를 거닌다
항상 걷는 길이지만 색다른 느낌이 든다
벽에 붙은 포스터며
상가 간판 글씨들이 그렇다
그 사이에 거리가 많이 변했다
담 넘어 흐느적거리는 나뭇잎이며
지붕에 휘날리는 깃발도
양손 휘저으며 걸어가는 사람들 모습도 그렇다
하이힐 신은 발목들은 문어발 같은 종아리를 내놓고
종종걸음이다
상점은 한 치의 오차도 없이 진열돼 있고
펄럭이는 옷가게 속옷은 손님을 기다리며 누워 있다
그는 모든 것이 낯설기만 한데
음울한 거울을 들여다보면 굴절된 얼굴이 보인다

비밀요원

나를 강요하는 아버지, 아버지 의지가 내 삶, 삶 속에 파고드는 아버지 지팡이, 지팡이를 까딱거리며 나는 날아간다 내 상투 꼭대기에 앉아 있는 아버지 길고 짧은 것은 대 봐야 알겠지만 내 머리는 아버지보다 둔하다 내 키는 아버지보다 작다 나를 억압하지 말아요 나는 반항한다 나는 아버지를 묵살한다 구역질이 나요 나는 아버지의 발자국을 지워버렸다

비밀요원들이 수갑을 가지고 방으로 들이닥친다 나는 죄지은 일 없다고 외쳤다 수갑은 안 돼요 비밀요원의 몸을 붙잡고 울부짖었다 그런데 손에 든 것은 수갑이 아니라 약봉지다 비밀요원은 내 상처에 약을 발라준다 비밀요원이 되자마자 나는 사라져버렸다

바다 멀리 섬처럼 떠서

바닷가에서 문어가 일광욕을 하며
오후 한때를 즐기고 있다
전신을 비틀며 허벅지를 틀어 올려
햇살을 끌어당기자
우주의 중심이 그곳으로 집중된다
느닷없이 검은 하늘에서 먹구름이 뒹굴더니
폭우가 몰아친다
몸을 풀던 문어가 빗줄기를 휘어 감고 하늘로 솟구친
얼마 후 천둥번개가 치더니 먹물이 쏟아져 내린다
먹물들은 방울방울 멍울지며
바다를 까맣게 물들이고 있었다

폭풍이 불어닥치자 먹물들은 구석으로 몰리며
수련되기 시작한다
우리는 한 방울도 없어지면 안 돼
내 몸처럼 아끼며 하나가 되는 거야 너는 나고 나는 너야
같은 핏줄이니까
먹물들은 서로 끌어안고 뭉쳤다
엄마는 어디 간 거야 엄마엄마 불러보는 먹물들
그러자 하늘에서 철퍼덕 엄마가 내려앉는다
어데 갔다 이제 온 거야 찾았잖아
먹물들은 엄마를 중심으로 옹기옹기 모여들었다

이제는 떨어지지 말자고 약속하며 두 주먹을 불끈 지었다
해일처럼 밀려오는 파도를 타고 엄마와 먹물들은
한 몸이 되어 몰리며 흘러가고 있었다
바다 멀리 섬처럼 떠서

파편들의 침묵

쓰레기들이 뒹군다
종이쪽지 나일론 끈 깨진 그릇 상다리
본체에서 떨어져 나온 파편들
의미 없이 굴러다니는 타자들 하지만 불평은 없다
바람 부는 대로 나부끼고 흘러가는 대로 모여든다
이미 강 건너간 기의들, 기표들만 떠도는
법칙도 원칙도 없는 제멋대로의 삶
지하상가 간판대에 누워 단꿈을 꾸는, 꿈속에서 멋진 여자와 사랑을 하고, 속삭이다가 헤어지기도 하는, 더 이상 갈 곳이 없는,
눈 떠보면 세상이 귀찮고 세계와 단절된 내면에 충실한 지상의 천사들
누가 눈길 주지 않는다 허기에 지쳐 쓰러져 있으면
한 번 들여다보지 않는다 일에 바쁜 사람들
이른 새벽 기침 쿨럭쿨럭 해대며 오바 깃 올리고 앞만 보고 달려가는 지성인들
거들떠보지 않는다
헌 누더기 걸치고 군데군데 무릎 맨살 드러내놓고 길가에 누워 있으면
하루에도 몇 번씩 이승과 저승을 넘나들며 몽롱한 꿈에 취해버린 그들
다를 것이 무엇이 있는가 종이쪽지와 노숙인들

본심을 이탈한 집을 나와 길가를 떠도는 시대의 초상들
한쪽 날개에 상처뿐인 우울한 삶의 부스러기들이 뒹구는 도시의 뒷골목은 불안하다
파편들은 노래한다 우리는 침묵할 뿐이라고

불꽃 같은 정열을 태우던 발길의 흔적

흔적을 찾아 헤맨다
오랜 시간 속으로 삭아 내리겠지만
불꽃 같은 정열을 태우던 발길은 흔적으로 남아
추억을 만든다
돌이켜보면 바람에 쓸려가고 희미한 뒷모습만 보인다
메아리는 허공으로 튕겨나가고
대책 없이 반복되는 일상 앞에
곱게 물든 낙엽은 적색 꽃잎을 자랑하듯
발밑에 누워 한철 화려했던 은유를 노래한다
오늘 내가 이렇게 갈망하는 것도 한때 흔적,
과거의 발자국들이 깊은 심연 속으로 침잠되기 때문이다
까닭 없이 흐르는 눈물은 발등으로 쏟아지고
오래갈수록 그립기만 한 광활한 벌판은
눈앞에 서리는데 갈 수 없는 나라
그곳에 가고 싶다 영혼이 죽어서 묻히는 곳
고요와 적막, 음침한 그늘이 기하학적으로 번져가는
암흑한 곳에 위험을 무릅쓰고 짖어대는
새 떼들의 황무지
거기에 가고 싶다 꽃이 피고 도시의 그림자가 드문 곳
잠깐 쉬어가는 바람도 한숨만 쉬는
메마른 곳이기에 땅속에 영원히 묻혀 썩어 흘러내릴지라도
잠시 뒤돌아보고 싶다

그곳이 비록 새 떼들의 황무지가 아니더라도
가보고 싶다 불명의 강을 건너 존재의 다리를 넘어
있음의 나라에 정착하게 되면
더 이상 부러울 것이 있겠는가
모두 무색의 옷을 입고 한량처럼 나부끼며
고정된 자리에 멈춰 흐르는 저 바람 속에

나는 나와 자연의 경계에서 소통의 역할을 한다

— 부재와 현존

물은 어디론가 끊임없이 가고 있다

가슴 속에 커다란 바위가 있다
똑똑 떨어진 물이 강을 이루고
징검다리 건너던 고향 생각을 한다
물고기를 잡으면서 옷이 다 젖고
풍덩거리는 물소리에 백로가 날아가고
기쁨의 눈물이 또 강을 이룬다
강에서 헤엄칠 때 나비가 날아오고
날개는 눈부시게 아름다웠다
나는 나비처럼 가벼웠다
훨훨 들판을 날아다녔다
나비가 사라지자
검은 구름에서 갑자기 소나기가 쏟아진다
나는 비를 맞으며 그대로 서 있었다
빗물은 발목을 자르고
만물이 문을 잠근다
빗줄기 따라 강에 이르면 길이 보인다
길 따라 물은 흐르고
물이 어디론가 끊임없이 가고 있다

강물은 불어나고

저벅저벅 비는 내리고
나는 갈 곳이 없다
방에 갇혀 헛된 생각 하다
낮잠 잔다
비는 하늘의 비의인가
오후에는 더 많이 쏟아지고
땅을 두들기는 빗발이 거세진다
강물은 불어나고
물풀 목이 조이고
길은 살점이 묻어난다
드러나는 내장이 신발을 붙들어 맨다
쉬지 않고 내리는 빗방울에
사람들은 추억을 만든다
나는 베란다에 서서 산등성 비를 바라본다
숲을 달려오는 빗줄기
점점 가까이 오더니 내 안으로 숨어든다
내 안에서 내린 비에 나는 흠뻑 젖는다

내 하루의 여인숙

저녁내 쏟아진 비는 아침까지 내린다
나는 우산을 받고 강가로 달려간다
세상 오물 다 쓸어 오는 빗물
흘러 어디로 갈까
빗물은 종점이 없으니 멈춰 있는 모습을 볼 수 없다
내 안의 불순물 씻어 보내고
나는 덤벙 빠져 같이 흐르고 싶다
너와 나 사이에 경계가 무너지고
나는 네 살이 되어 너는 내 피가 되어
넘치고 싶다
강을 지나 도달한 곳이 연안 부두
번쩍 불빛 튀는 등대
내 하루의 여인숙이 되고
나는 비를 맞으며 투숙객이 된다

한 폭의 난

난 한 폭을 사다 화분에 심었다
고상한 기품이 귀족 같다

노을이 고개 꺾고 넘어다본다
사람은 사소한 일에 기쁠 때가 있다
나를 흔들다니!
마음의 물살이 춤을 춘다
벙실벙실 웃고 있다
이 기쁨을 누구하고 나눌까
나는 욕심이 너무 많다
저 노을 잡아 서쪽 하늘에 매달고 싶다
한 폭의 난이 화단 가득 차고
내 안에 옮겨 놓는다면
오직 좋으랴
가끔 꽃의 속마음을 알고 싶을 때가 있다
난 향기 가득한 마음의 화원에서
두어 송이 꺾어 접붙여본다
활짝 웃고 있는 난
서너 뿌리 캐내 마음 속 깊이 심는다

희망의 불빛이 밝다

꽃이 피는 순간을 본 적이 없다
남몰래 피어버린 꽃

틈만 나면 가까이 갔다 실망한다
다시 가서 본다
붉게 타오르는 꽃
내 안에 옮겨 놓자 불바다가 된다
다 타버린 마음의 빈터에 흙덩어리를 고르고
씨를 뿌린다
미처 가꾸지 못할 때
마음을 다스린다
긴장 속 희망이 비치고 불빛이 밝다
나는 부지런히 빈터를 매고 또 씨를 뿌린다
고개 숙인 곡식들이 바람결에 흔들리고
내 마음의 황무지에 길 하나 내고 있다

마음의 비린내 쏟아버리고

해 질 무렵에 떠난다
숲 속이든 강 끝이든 신선한 곳이면 간다
마음의 비린내 쏟아버리고
산등성이 떨어진 도토리 주워 주머니에 담고
해 지는 줄 모르고 돌아다닌다
밀착된 나무 사이사이 바람 따라 헤맨다

밤에는 어둠의 품에 아침 이슬 털며
햇살 동반하고 또 떠난다
우거진 숲길 가다 보면 갯마을이 나온다
진달래 곱게 물든 잔솔가지 사이로
수평선이 보이고
몇 척의 고기잡이배들이 떠 있을 뿐
누적된 피로는 풀리지 않는다

새살 돋는 골목길

아침 태양이 바위에 서 있는
나를 넘어뜨리고 산을 무너뜨리고
타오르는 불꽃이 내 심장을 태우고
까맣게 탄 재 속에서 새싹이 돋는다
내 안에서 자란 희망의 잎들이 상기된
얼굴로 중얼거린다
외롭더라도 길을 가야 한다는 그들의 눈빛이 밝다
강렬한 눈빛 속에 내가 달려가고
방황은 끝나고 잠든 바람이 손에 잡힌다
입 가득 햇살이 내 안으로 들어온다
세상의 마른 잎 걷어내고 새살 돋는다는데

새살 돋는 골목길
바람 잔 골목길을 내가 달린다
아침 해가 솟는다 뜨겁게 달아오른
저 태양의 말발굽 소리

핏줄 뽑아 환히 밝히고

매화봉에 오른다
답답한 마음이 확 트인다
나무들도 바람에 흔들리며 활짝 웃는다
산등성이 오를 때마다 내 등은 휘어지고
핏줄이 솟는다
저 나무들도 핏줄 뽑아 환히 밝히고
차츰 무덤의 길로 가는 중이다
한 해 동안 푸른 고통이 저토록 아름답다니!
사람들 마지막도 저렇게 아름다울 수 있을까
팔 바닥에 깔고 바위틈에 서 있는 소나무
보는 눈은 무게가 있다
발끝에 흩어지는 나뭇잎들
바람이 휘휘 돌아 저쪽 벼랑으로 몰아붙인다
벼랑 끝에 우뚝 솟은 바위가

갈가리 찢어진 깃발처럼 펄럭인다
구름이 흘러가는 매화봉 사이로 난쟁이 바람이 불고
배롱꽃 붉은 빛이 하늘을 붙들고 있다

얼음 바다가 둥둥 떠다니는 빙하마을

빙하시대 얼음덩어리
얼음호텔에서 얼음차를 마신다
온통 얼음투성이의 나라
라디오가 흘러나오고 야구를 하고 골동품을 팔고
부족할 것이 없는 곳
알래스카 북극 툰드라
얼음산이 있고 노천탕이 있고
얼음 바다가 둥둥 떠다니는 빙하마을

투명한 유리관 속에 얼음집이 솟아 있고
산란기 나비는 빙벽을 기어오른다
종족보존을 위해 희망을 안고
오르는 나비와 유충들
이글거리는 불길 속을 맨몸으로 투신하는
용맹스러운 용사와 같다
시야는 흐리고 얼음의 길은 멀고
나비의 길고 험한 고행의 길
뼛속 깊이 파고드는 찬기와 가파른 절벽에 매달려
움켜쥐고 있는 끈을 놓지 않았다

항상 두터운 털모자를 쓰고 털장화를 신고
하얀 세계를 동경하는 나라

하얗게 죽어가는 아름다운 이름들
순록 사향소 백곰
평생 후회 없는 생을 살다
장엄한 최후를 마친 얼음의 투사들
낳고 죽고 삶의 희로애락이 겹쳐진 공간
눈의 천국에서 살아보고 싶다
순수에 익숙한 순박한 지대
생의 전부를 얼음으로 장식하는

유리문에 투명한 두 개의 물고기

거실 유리문에 물고기 두 마리 헤엄쳐 다닌다
유리창 밖 베란다 화분들은 물풀처럼 나풀거리는 서식처
물고기들이 물풀 사이를 뽀글뽀글 공기 방울을 내며 유영할 때
아침 햇살은 수족관 속으로 투시된다
맑은 공기와 햇살 조건이 풍부한 어항 속
거실 문을 여니 물이 우루루 바닥으로 쏟아진다
나는 얼른 문을 닫았다

물고기들이 수중발레를 하며 하강과 상승을 반복한다
두 마리가 열 마리가 되고 스무 마리가 되어 갑자기 방향을 돌린다
일률적으로 한쪽으로 몰려간다

누추한 공간을 걸고 환기하는 베란다 수족관은
우아한 물살과 탁월한 미네랄을 가진 지중해 앞바다
밤마다 고래상어들이 거센 물살을 헤치고 물을 뿜어낸다
해안으로 물개가 헤엄쳐 오고
바다사자가 코를 널름거리며 기어오른다

높은 파도가 일고 풍랑이 몰아치고

무수한 일상 속에서 물고기의 변화무쌍은
오랜 시간을 걸친 인내의 결과물이다
산 넘어 노을이 밀려온다
음악처럼 흐르는 노을자락에 팔딱거리는 물고기들
고요가 깔리고 평화로운 수족관은 푸른 빛이 돈다

베란다는 바다가 되어 매일매일 물고기를 품어 기른다
썰물 때 빠져나가고 밀물 때 들어오는 질質적 수준이 높은 바다

그들을 관할할 소유권이 내게는 없다

세월을 판화처럼 몸에 새긴 여자 어부가 바다에 그물을 던져 물고기를 건져 올리듯 과거 속에 기억을 던져 추억을 건져 올리는 여자 바람 부는 대로 나부끼고 흘러가는 대로 떠도는 여자 삶의 심연에서 고통을 건져내듯 마음의 심연에서 언어를 건져내는 여자 바람 속 유려한 빛깔의 무지개를 타고 오르며 색색의 궁전 길어 올리는 여자 고요 속에 길고 짧은 끈을 걸어 잡아당기는 취미에 도취한 여자 고독은 섬이다 외치며 하루종일 안절부절못한 여자 그 수많은 갈림길에서 어느 길을 가야 할지 망설이며 현실의 풍경 뒤에서 항상 방황하는 여자 남을 배려할 줄 아는 여자 늘 갈망하고 갈구하는 여자 봄바람에 휘날리는 버들잎 같은 여자 온몸에 피가 흐르고 따뜻한 봄날 같은 여자 오가는 길바닥에 꽃씨 뿌려놓고 꽃이 피기를 기다리는 여자 내 안에서 자라고 내 안에서 성공한 속 깊은 여자 남의 영혼을 내 영혼처럼 여기며 남을 마음속 깊은 곳으로 인도하는 여자 필 때 피고 질 때 지는 시기를 정확히 아는 여자 꽃 피는 시절 감개무량해서 피안의 벽 속에서 활짝 웃으며 낙하산 타고 내리는 황당한 여자들이 좋지만 그들을 관할할 소유권이 내게는 없다

제2부

바다를 꿈꾸던 바위

비창

매미 한 마리 유리창에 매달려 비명 지른다
창문이 흔들리고 올해의 마지막 차임벨 소리에
방 안이 조용해진다

한철 벼랑 끝으로 떨어지는 꿈을 꾼다
나는 바닷가를 거닐고 있었다
하늘엔 구름 몇 점 떠 있고
아득히 밀려오는 파도를 피해
모래 위에 발자국을 남긴다
물살에 발자국이 지워지곤 하는데
소나무 사이로 속옷 차림의 사나이가
목청껏 울어대는 노래에
나는 한없이 빨려들고 있었다
갈참나무 숲 속으로
그 사나이 쫓기듯 사라진다

숲 속에 움막 짓고 독거노인이 되었다
얼마 후 땅속에 숨어 살면서 발성 연습을 한다
어쩔 땐 꿈에 나타나 열심히 닦은 노래를 들려준다
비명이 아닌 비창, 꿈의 공간에서 서글픈 그의 노래는
열어갈 새 세상을 준비하고 있었다

한라봉

1

분노의 불줄기 화산
배꼽은 고랑 타고 흘러내린 분화구
곰보 자국은 용암의 흔적
자세는 약간 앞으로 기울어 있다
분화구는 할머니 입주름
화火가 쌓여 폭발한
누적된 시간의 분출

2

화산처럼 움츠리고
황달 든 할머니가 앉아 있다
가슴엔 오래 쌓인 화 덩어리
지팡이 짚고 나들이 가실 것 같은데 아직 잠잠하다
어젯밤 꿈에 높은 산에 올라가 길을 잃고 한참 헤매었다는데
졸고 있는 것일까
고개 꾸벅일 때마다 깜짝 놀라 자세를 고친다
때 절은 옷을 입고 험한 산모퉁이 돌담집에서 산다
산에 나가 산나물 캐 이고
집으로 돌아오는 할머니

꿈속에서 길을 잃었다

높은 산꼭대기 바위
신선이 앉아 놀았다든가
안개 피어오르는 사이로 산 정기 흐르고
수도꼭지에서 펑펑 쏟아지는 약수물에 발을 적신다
나는 두어 모금 마시고
플라스틱 통에 담아 산을 내려왔으나
집으로 가는 길을 잃고
어느 동네 앞에서 두리번거리고 있었다
—코스모스가 하늘거리는 언덕에는
과자 파는 점방이 있고 조금 내려가면
빨래터가 있는 길—
지나가는 사람에게 물어봤으나
아는 사람은 없다
길게 물든 노을만 치맛자락 날리며 흐느끼고 있었다
길은 어디로 갔는가 나는 막연히 서성이고
내가 기다리는 사람은 오지 않는다
나는 그대로 늙고 있었다
벌써 머리는 하얗고
골목골목 꽃은 피어 아름답다
나는 이곳을 떠날 수 없다

가랑비

이불 빨래를 했다 긴 마당에 널어진 홑청이 구름처럼 펄럭거렸다 바람은 홑청의 끝자락을 잡고 춤을 추었다 흐린 하늘에 검은 구름 몇 점 뒹굴더니 가랑비가 내리기 시작한다 나는 토방에 길게 줄을 치고 홑청을 널었다 그래도 비가 들쳤다 나는 다시 방에다 널어야지 하면서 방 안으로 들어갔다 방 안에는 낯선 남자가 앉아 있었다 쌈장에 찍어 술안주 한다고 배춧속을 사오라 한다 2천 원을 가지고 토방을 나서는데 가랑비가 내렸다 홑청이 가랑비에 젖었다 나는 다시 방에다 널어야지 중얼거리면서 울타리를 끼어 뒷길로 배추를 사러 갔다 날은 어둑어둑하고 흐린 하늘에 추운 기운이 감돌았다 주위를 살펴봐도 채소가게는 없었다 길 따라 가다 숯 가게로 들어가 배추를 달라 했더니 가게 주인은 모른다고 한다

옷가방

장독대에 물이 잔뜩 고여 있었어 장독 소제를 했는데 내려가는 물구멍이 막혀서 뚫고 있었지 비는 오지 않았지만 맑은 날은 아니었어 흐린 날도 아니었지 시간은 구분할 수 없었어 저녁때였던가? 아무튼 나는 문간방으로 들어갔지 좁은 방 책상 위에는 책이 펼쳐져 있고 책가방들이 여기저기 흩어져 있었어 좀 어수선했지 방금 전에 아이들이 나가는 걸 보았지 알고 있는 아이들이었어 나는 정리되지 않은 방이 마음에 거슬렸지만 언제 와서 공부할 줄 몰라 밖으로 나왔지 어느새 해는 지고 어스름 길을 걸었어 고향 같았는데 언뜻 보니 어머니 같았어 동네 우물 모퉁이를 돌아가고 있었지 뒷모습이 버들잎 같은 어머니 모습이었어 나는 달렸지 아무리 달려도 따라갈 수가 없었어 어머니! 목이 터지게 불러보지만 벌써 모퉁이를 돌아간 다음이었어 내 앞에 옷가방이 놓여 있었지 얼른 열어 봤더니 어릴 때 입던 옷이 들어 있었어

북극의 찬바람이 분다

밀려오는 물살에 발을 담그고 있다 하얀 세모래의 바닷가, 물살은 입을 벌려 종아리를 물었다 내뱉곤 한다 눈썹처럼 펼쳐진 수평선 마음이 상쾌하다 파래가 물살에 떠밀려오고 있다 새파란 파래가 앞에서 출렁인다 파래를 양손으로 건져 올렸다 손가락 사이로 머리카락이 걸린다 사람의 머리카락이라니? 나는 불쑥 해변을 나왔다 바다에 머리카락이 떠밀려오다니 앞을 쳐다보니 높은 산이다 나무는 없고 푸석한 돌산 먼지 풀풀 날리며 올라갔다 너무 경사져 올라갈 수 없다 앞선 사람에게 손잡아 달라고 했지만 반응이 없다 아래를 내려다보니 아득하다 나는 경사진 벼랑에 매미처럼 달라붙어 있다 나는 돌산에서 내려왔다 바닷가 바위에는 펭귄이 무리지어 앉아 있다 불룩한 흰 배 내밀고 뒤뚱거리고 있다 어느새 겨울이 되었는지 얼음 덩어리가 바다에 떠 있고 북극의 찬바람이 불고 있다 나는 손발이 언 채 파래 대신 얼음을 쥔다

대낮 묘지에 나타난 유령

햇볕 내리쬐는 이른 봄 길을 가는데
묘지에서 사금파리가 반짝이고 있었다
대낮에 비치는 빛, 눈부셨다
유년시절 나는 무서움이 왈칵 들었다
집으로 달려가는 등 뒤에서 고양이의 날카로운 발톱이
목덜미를 덮칠 것만 같았다
신발이 벗겨진 채 맨발로 달렸다
숨소리는 해수咳嗽처럼 고이고
두근거리는 가슴에서 오리 우는 소리가 들렸다
골목을 들어서자 안심이 되었고
피로에 지친 나는 손발을 씻고 소파에 누웠다
온 힘이 빠지면서 곤하게 잠이 들었다

나는 누구에게 쫓기고 있었다
골목길에서 특수대원들이 호루라기를 불며
두 명씩 짝을 지어 지나가고
통로는 고무통처럼 좁았다
갑자기 피로가 가시고 정신이 뚜렷해진다
맑은 공기가 몸 안으로 들어오더니
무서운 생각을 몰아낸다
묘지의 빛이 점점 사라지고
나는 한결 가벼운 마음으로 길을 가고 있었다

경연대회

음악 심사장이었다 그녀는 맨 앞줄 심사원석에 앉아서 심사를 하고 있었다 다른 심사원들이 틀린 음을 맞다고 했다 그녀는 틀렸다고 주장했다 싸움까지 했다 이런 불평등이 어디가 있냐고 대들었다 나는 중간 좌석에 앉아 바라보고 있었다 심사가 끝나자 웅성거리는 사람들 속을 빠져 복도로 나왔다 문을 나서려는데 내 뒤를 따라오던 그녀가 없어졌다 아무리 찾아도 그녀는 없다 어디로 간 거야 하면서 몹시 당황했다 그녀 집에 전화 걸려고 했으나 전화박스가 없다 길 입구를 나오는데 검사원들이 신분증 검사를 하고 있었다 나는 그곳을 피해 다른 길로 가고 있었다 머리가 긴 두 여자들이 뒤따라오고 있었다 그들은 나에게 어디 가냐고 다정하게 물었다 나는 그녀 이야기를 했다 그녀가 심사원하고 싸웠고 심사가 끝나자 밖으로 나오다 바로 문 앞에서 없어졌다고 했다 두 여자들은 나를 데리고 심사장으로 갔다 심사장에는 사람들이 듬성듬성 있었고 심사석에 가서 심사원들과 속삭이더니 한 여자는 사라지고 한 여자는 나를 데리고 다시 그길로 나왔다 나는 그녀 집에 전화 걸어야 한다고 중얼거리면서 따라갔다 길 건너 도로변에서 검은 옷을 입은 풍채 좋은 남자 셋이 서성거리고 있었다 가까이 가자 여자는 사라지고 남자들이 나를 음침한 곳으로 데리고 갔다 나는 그녀를 찾아야 한다고 하소연했으나 아무 소용이 없었다 좁은 지하실 방에 가뒀다 나는 가슴이 답답해오고 무서웠다 바닥에 엎드려 살려주세요 소리소리쳤다

내가 불러보는 이름들

1. 거북

거북이가 어항 속에서 춤을 춘다 유리 벽을 훑으며 양손 좌우로 흔드는 모습이 나를 반기는 신호 같다 좁은 공간, 낮과 밤이 교차되는 어항 속에 저리 순수한 생명이 엎드려 있다 간간이 돌 위에 앉아 고개를 내밀고 먼 하늘을 쳐다보는 눈 속에는 푸른 파도가 출렁인다 두 다리를 쭉 뻗고 물속으로 유영하는 딱딱한 등은 축축한 일탈

바다에 가고 싶은 너의 욕망이 하늘에 미칠 때 나는 방생을 간다 깊은 바다 속 아름다운 산호 틈에서 신혼 꿈꾸며 추억을 이야기할 것이다

평생 갑옷을 짊어지고 다녀야 하는 고독 용왕의 노여움이 너를 이 세상에 보냈나 햇볕 한 뭉치 어항 속으로 투영하는 그 양지바른 나근나근한 가을 햇살에 젖은 몸을 말리는

2. 선인장

눈여겨보았다 선인장 너의 메마른 삶을 인정이란 찾아볼 수 없는 옹색하기 짝이 없는 침묵의 가시투성이 가까이 가고 싶은 마음이 멀게만 느껴지는 외딴 섬 사막지대 능선의 모래바람이 휘몰아칠 때 무덤으로 쌓여 있다가 이슬에 목축이고 발광하는 태양 아래 양어깨 쭉쭉 뻗어 가지 이곳에 와 생의 고통을 감싸 안고 있나

고목 같은 견고함을 안은 채 장마철, 궂은날이 지겹거든 관습을 버리고 부드럽게 대화의 문을 활짝 열어 초록빛 속살을 보여 주렴 사막이 생각날 때면

3. 새

어느 날 새가 내 안으로 들어와 보금자리를 만들고 알을 깐다 새끼들은 어미가 물어다 주는 먹이로 하루하루 자라 깃털이 보송보송 부풀어 오르고 날갯짓을 한다

새는 포르르 내 가슴 속을 떠나 나무 위에 부지런히 집을 짓는다 주춧돌을 박고 담을 쌓고 비가 들치지 않게 지붕도 올린다 현대식 건물로 신축공사가 끝났다

새들은 노래한다 고운 노래로 나를 즐겁게 해 준다 이제 새집에 이사 와서 정 붙이고 살라한다 내 마음속 빈자리 한 점 바람으로 채우라 한다

갈 수 없는 나라, 나는 소리친다 거침없이 지상의 삶도 살만하다고

4. 소나무

반만년 역사를 가진 바위산, 그 산에 뿌리내린 소나무는 저토록 청청靑靑한가

맵찬 비바람 외롭게 견디며 끈질기게 살아온 의지의 상징 첩첩이 접어진 능선 바라보며 푸른 마음 키워온 우뚝 솟은 동상처럼 드높은 기풍氣風

허리 굽혀 내려다보면 사철 흐르는 강이 젖은 추억을 말리고 있다 비릿한 안개 걷히고 아침 햇살 쏟아지는 바위산 정기正氣 한 몸에 받으며 어둠 벗고 밝아오는 곧은 가슴 조선 소나무

5. 안개

흔적 없는 생은 삶이 아니다 무엇이든 잘 먹어치우는 그러나 품었다 놓을 뿐 남을 해치지 않는다 무엇이 기쁨이고 슬픔인지 기억하지 못한다 거대한 뜻을 품고 세상에 발을 내딛지만 억세게 쏟아지는 햇살의 강압에 굴복하고 마는 안개 잠시 머물 때가 행복했으리 안개 속을 걸어가는 사람들 마음은 가벼웠지 훨훨 들판을 날아다녔지 안개 스스로 풀어줘야 풀려나오는 기이한 일들이 아침마다 벌어지고 있었지 누구나 안고 다니며 각자의 영역까지 감싸오는 안개를 귀찮다고 말하지 않는다 으레 그럴 것이라고 여긴다 둥근 공처럼 굴러가는 안개

6. 벽

벽 앞에 서 있다 벽 속에는 새싹이 움트고 있다 지금은 딱딱하고 캄캄하지만 때를 기다리는 장밋빛 빛살이 숨 쉬고 있다 어느 땐가 불쑥 튀어나올 때 벽은 무너지고 화려한 줄기 가진 나무가 무성한 잎을 나풀거릴 것이다 꽃으로 등을 켜고 열매가 익어갈 것이다 새들이 날아들고 그늘 아래 바람은 쉬어가고 그 바람의 눈에는 먼 길도 가깝게 보인다 톡톡 튀는 햇살, 한여름 숲 속 같다 어디선가 솔 냄새 그윽하게 풍기고 매미소리 칠 년의 기다림을 풀어낸다 어느덧 여름은 가고 어둠이 다가왔다 벽은 다시 딱딱하게 굳어가고 나는 절망하며 새싹의 아쉬움을 삼킨다

7. 신호등

미처 건너지 못한 내 발목 잡고 내려다보는 빨간 신호등 통사정합니다 기다려 주지 못해 미안하다고

사람들 다 떠나고 홀로 푸른 신호등 기다리며 빈 길 지키고 있는 내 앞을 낮은 바람이 얼굴 훔치며 지

나갑니다

보도블록 틈새로 웃고 있는 질경이 짙어지는 내 회심灰心 붙들고 보랏빛 눈동자 굴리며 윙크합니다 당신의 보루가 되겠다고

고독 씹으며 바라보는 건널목의 저쪽 손 흔드는 질경이 뒤로하고 모여드는 사람들 틈에 휩싸여 건너갑니다 미련 없이

8. 길

맑은 이슬 마시며 새벽길 간다 아직 어둠이 눈 감기도 전에 내 옷 붙들고 늘어지는 새벽 골목에서 불쑥 튀어나오는 그림자 밟으며 어스름 길 간다

가로등 불빛이 내 눈꺼풀 위에 흰 눈처럼 쌓이고 사람들에 의해 꿈 깨는 나무들 부스스 눈곱 털며 기지개 켜는 어깨 위에 하루의 신발이 포개져 있다

발부리에 부딪치는 돌멩이들 사연이 있는 듯 눈빛이 밝다 앉아 졸고 있는 풀들의 새벽 생이 저토록 아름다울 수가

새벽별 가로수로 흘러내리고 홍당무처럼 달아오르는 아침 햇살 받으며 나는 달려간다

9. 지하철

전철이 회오리바람 일으키며 떠나자 나는 뒤로 물러서며 눈을 감는다 승강장은 말 걸 사람 없이 지하의 잔바람만 철로 위를 맴돈다 화석처럼 몰려온 적막이 내 서운한 마음 잡고 길게 늘어지며 주위를 감돈다 나는 기다린다 빳빳한 다리 천천히 옮기며 자판기에서 커피 뽑아들고 벽 쪽 긴 의자에 앉아

전철이 비명 지르며 달려온다 폭발음은 허기에 지친 나를 긴장시킨다 눈을 크게 뜨고 가물거리는 입구를 바라보자 흐늘거리는 꼬리를 감추고 손을 흔들며 비좁게 들어선다 긴 관절을 끌며 내 앞에서 멈추자 후줄근한 땀 흘리며 줄지어 나오는 사람들 나는 문 쪽으로 바짝 다가서며 객 속으로 흡수돼 간다

10. 경주마

경마장 트랙을 달리는 자본의 질주, 오늘 잘 뛰어야 귀밑 쓰다듬을 받는다 순종은 내 의무 기수의 의지대로 달린다 이미 법칙에 얽매인 몸 궤도를 벗어날 수는 없다 고달픈 나날이 숙명처럼 흘러가고 초원의 넓은 잔디는 꿈속의 일이다 싱그러운 풀밭에서 풀 뜯던 시절이 필름처럼 스쳐 간다 자본의 실추, 나는 추락한다 화려한 추억을 땅속에 묻는다 오체투지의 몸을 이끌고 슬픈 눈을 하고 꿈이 있다면 오지마을 조그마한 달구지라도 끌고 싶다 목숨 다할 때까지 산자락 다랑이 밭 채소나 주인집 내외를 천천히 실어 나르며 가족처럼 살고 싶다 경마장 달릴 때의 풀잎 같은 마음을 떠올리며

술잔 속의 욕망

맥주는 잔의 절반이 거품이다
반은 가라앉은 욕망들
술잔에 따르면 거품을 내며 솟아오르다
천천히 가라앉는다 걸러내고 알맹이만 남는다
밑바닥 생은 저토록 알차다
흔들리지 않고 잔잔해서 좋다
그러나 잔 속에 그대로 남아 맥 빠진 생이 될 수 있다
술이 사람들 목젖까지 차올라 흑백을 구별 못 할 때
술잔은 두 눈을 감고 앉아 빛바랜 추억이 된다
사람들이 술잔 속 추억을 마시며 안개 속으로 빠져들 때
거품처럼 떠오르는 모호함이 이성의 비탈길을 오르내린다
술이 사람들 장 속으로 들어가 오장육부를 들락거리며
접어진 뇌를 흔들어댄다
잔을 비우고 나면 채워지는 욕망들, 술잔 속에 쏟아지는
진언들
비울수록 사람들은 골목길을 헤매는데
가슴을 열고 증발시키고 나면 어제 일은 물거품이 된다
비운다 하지만 비울 수 없는 것이 사람의 욕심인데
모래에 혀를 박고 죽어도 술잔처럼
바닥까지 비울 수는 없다

깊은 밤 오동나무 그림자가 창틈으로 고개를 내미는데
두 볼 맞댄 테이블 사이로 명주바람이 분다
술잔 속 욕망의 불줄기가 내 안을 스치고 지나간다

실직자

그는 심심하면 거리로 나선다 많은 사람이 지나간다 지하역 계단을 내려간다 무릎 꿇고 앉아 손 벌리고 있는 소년을 한번 쳐다보고 씩 웃는다 그는 주위에 관심이 없다 언제나 사선으로 벽을 보며 걷는다 상점 유리창에 비치는 자기 모습을 보고 얼른 얼굴을 돌린다 분식점에 앉아 라면을 먹는다 담배를 피우며 명상에 잠긴다 일어나 걷는다 지하역 계단을 오르다 소년을 보고 또 한번 씩 웃는다 홈 밖으로 나오자 햇살에 눈이 부시다 그는 양지쪽에 앉아 눈을 감는다 목적이 없으니 머무를 곳도 없다 다시 지하역 계단을 내려간다 벽에 붙은 큰 광고 간판을 손으로 쓰다듬고 걸어간다 벽 앞에 앉아 구인광고를 읽는다 시시덕거리며 지나가는 여자들에 관심이 없다 카세트 가판대에서 노래 '잠자는 공주'가 흘러나오고 관심이 없다는 듯 담배를 피우며 명상에 잠긴다 항상 벽 쪽을 쳐다보며 이따금씩 입을 벌려 중얼거린다 그는 한번 씩 웃고는 마른 잎처럼 의자에 앉는다 공허가 발끝에서 꿈틀거린다

소나기

나를 슬프게 하는 바람, 구름, 하늘, 모두가 무의미한 절규들,
밤낮으로 쏘다니며 이루어내던 발자국들, 이 자리에 멈추고 팔다리의 통증을 느낀다
오솔길 두엄처럼 쌓인 낙엽 밟으며 검은 반점들이 온몸으로 번져오는 어둠의 한 귀퉁이에서 망설인다
서울역 대합실에 즐비하게 누워 있는 소나기들,
그림자가 짧아 그늘진 곳으로 몰아붙여진 앙금들,
길은 어디인가 맨발로 이 겨울 견디고 서서 운명처럼 받아들이는 침묵하는 나목들,
갑자기 불어닥친 불황 속에서 중심을 잃고 흩어지는 버팀목들

묵은 잎이 떠다니는 민속 골목 오른쪽 평화카페에 앉으면 잔잔한 왈츠곡이 흐른다 조용히 귀 기울이다 보면 깊은 계곡으로 빠져들어가 저절로 눈이 감긴다
오랫동안 침묵했던 생각이 한꺼번에 쏟아져 내린다 마음속 벽돌이 우르루 허물어지며 바닥에 깔린다
아직 아픈 발이 절뚝거리고 있을 때 세계는 더 큰 공황 속으로 달아날 것이다
그들은 다시 자리 잡는다 주어진 시간만큼 정해진 공간에서 발을 부지런히 내디뎌 삶터를 다진다

먼 여행길에 오른 나무

바람에 떨고 있었다 어깨는 닭살이 돋았다 앙상한 손이 하늘을 쑤시고 있었다 팔 사이로 찢어진 하늘이 펄럭거렸다 목마름이 발끝에 닿았다 숨을 죽이고 조용조용 밤길을 걷기도 했다 창문을 닫고 고슴도치처럼 웅크리고도 있었다 솟아오르던 힘이 발끝에 묻혔다 모든 손을 내려놓고 이제 쉬고 싶었다 헐벗은 채 서서 긴 침묵에 들어가고 싶었다 새는 날아오지 않았다 둥지도 틀지 않았다 내 안의 잠언들 묵묵부답이다 외롭더라도 견뎌야 했다 바람이 딱딱한 살갗을 핥고 지나갔다 묵묵히 참고 있는 동안 점점 수렁 속으로 빠져들고 피로만 쌓이고 있었다 풀어진 허리를 수축시키고 꼬인 관절을 풀고 있었다 내 몸으로 투여되던 약한 햇빛이 사라지면서 달이 차갑게 비춰주었다 겨울잠에 들어갔다 나는 비로소 먼 여행길에 오른다

추운 겨울날 내 눈과 마주칠 때 말간 달빛이 말했다 참아라, 어느 봄날 네 몸에 싹이 트고 꽃이 필 때 지나가는 바람도 훈김을 불어넣고 갈 테니, 그때 움츠린 어깨 쭉 뻗고 한세상 살 것이다 그 말이 위로가 되었다 가슴에 남아 밤마다 달빛만 쳐다보고 있었다 나는 흐린 날이면 고개를 숙인다 검은 구름이 달을

가린다 아래를 내려다보고 있으면 어둠 가득 싣고 출렁이는 땅, 그 물살에 추억이 일어나고 유년의 달이 떠오른다 단숨에 달려온다 명주천 같은 보름달이 거리를 조절하며 나를 덮어 온다 어느 숲 그늘도 그 빛에 부셔 눈을 뜰 수가 없다

바다를 꿈꾸던 바위

북한산 자락을 오르는데
오른쪽 숲가에서 커다란 바위가 물고기처럼
아가미를 벌리고 가쁜 숨을 들이쉰다
등은 담쟁이 지느러미가 꿈틀거리고
몸엔 바위 옷 비늘이 반짝인다
머리는 불길이 타오르고
옆구리를 무겁게 짓누르고 있는 소나무
바위는 온 힘을 다해 산 정상을 받치고 있다

새가 건너편 계곡으로 날아가자
물고기도 따라 움직인다
몸을 궁굴리며 계곡 물에 풍덩 빠진다
검고 반들거리는 몸뚱이가 출렁거리자
산 전체가 흔들린다
참았던 슬픔이 폭발하자 물고기는 큰 소리로 운다
산이 떠날 것 같은 굉음에 소낙비가 쏟아지기 시작한다
어느새 계곡은 빗물에 잠기고
물고기는 바다로 헤엄쳐 가지만
개발지역 아파트가 암초처럼 버티고 있다

바위는 멋쩍게 앉아 있다
바다도 숲도 아닌 아파트 한복판에서

사람들이 쳐다보는 눈은 낯설다
아이들이 발로 툭툭 차고 조금씩 닳아간다
단단한 심장에 불을 밝히고
세상에 생명 있음을 알리고 싶었다 하지만
지주支柱에 알맞게 폭파되어 트럭에 실려 나간다
황량하게 돌아가는 앞날이 불안해
마음이 무거운데
억새가 둘러선 빈터, 어느 공사장에 부려진다
바다의 꿈을 저버린 채 바위는 다시
주춧돌이 되어 힘겹게 기둥을 받치고 있다

물빛이 그리운 날은

물빛이 그리운 날은 강줄기 따라 걷습니다
굽이마다 거슬러내리는 물줄기 천만 갈래로 찢어져 흐르고
청량한 물소리가 내 안에 뿌리로 내리기 때문입니다
망초꽃 잔잔한 입술이 흘러가는 모래에 묻힌 까닭입니다
수문을 지날 때 썰매 타듯 미끄러지는 물살이 활짝 웃으며 어서 오라고 손짓합니다
수문을 통과한 물소리가 쿵쿵 울립니다
그 소리에 골짜기에서 자고 있던 물푸레나무가 눈을 뜹니다
나는 한 걸음 앞으로 다가서서
고개 꺾고 들여다봅니다
물보라처럼 일어나는 안개 빛 살가움이 가슴에 와 닿습니다
물살은 큰 바다에 몸을 섞습니다
답답한 속이 확 트이겠지요
세월 따라 흐르는 내 육체도 강둑 따라 끝없이 달리고 싶었습니다
소낙비 지나가고 나면 후련해지는 마음 하늘에 매달고 싶었습니다

매초산 중턱 소나무들이 무더기로 서 있습니다
누가 잘 크고 못 큰 것 없이 서로가 잘나서 서 있습니다
바람은 길 따라 빠져나가고
외롭게 서 있는 자작나무 사철 푸르지 못하지만 하늘을 향해 쭉쭉 뻗어 갑니다
키 큰 진달래 환하게 불 켜고 웃는 모습이
내 마음을 흔들어 놓습니다
나는 산 중턱을 지나 바다와 맞닿아 있는 산자락에 다다릅니다
썩은 나뭇잎이 새똥처럼 눌어붙은 바위에는
바다를 바라보고 고개를 쭈뼛대며 물고기 찾던 새의 발자국이 새겨져 있습니다
짝을 부르다 지치면 먹이를 쪼던 새
종알대던 부리는 침묵만 지키고 평화스런 눈에는 슬픔이 깔리고
민물과 썰물이 하루에 두 번씩
세상소식을 져 나르고 있었습니다

무덤 속에서 발자국 소리가 난다

자물쇠가 채워졌다 나는 머리가 아프다 배가 고프다 떠가는 구름이 그립다 날아가는 새가 보고 싶다 여윈 웃음이 창살을 통해 밖으로 나간다 밭 귀퉁이 모진 억새가 머리 풀고 흔들린다 내가 바라보는 저 나무는 분홍 꽃이 핀다 열매는 복숭아 빛이다 봄을 반기는 마음 먼 산에 있다 산 능선 따라 피어나는 진달래 아장아장 걸어간다 가물거리는 저것이 아지랑이인가 내 앞을 스치는 바람 끝이 길다 감옥 속엔 자유가 없다 구원의 손길을 뻗을 곳이 없다 감옥 속에서 내 생이 잠든다 무덤 속 어머니께 절을 올린다 무덤 속에서 숨을 쉰다 무덤은 내 고향 냇물이 흐르고 발자국 소리가 난다 바다가 있고 형제가 있다 이웃이 있고 겨울이 있다 무덤 속에서 밥을 짓고 김이 솟아오른다

제3부

그녀의 눈동자 속엔
그늘이 있다

허공에 누워

철조망 울타리 가에
긴 손 내민 개나리
나는 무심코 커브 길을 돌다
눈을 다칠 뻔했다
홧김에 가지를 분질러 놓았다
꺾어지는 소리가 가슴 아팠다
모두들 화사한 웃음을 뿜어댈 텐데
허공에 누워 있다니
꺾어진 팔에서
맑은 피가 흘러 강을 이룬다 한들
목마른 강물이 쉽게 풀릴까
나는 가슴이 아파 잘게 부서지고 싶다
자갈처럼 부서져
태양열에 온몸을 달구고 싶다
쳐다볼 때마다 달구어진 욕망
강물에 던지고 싶다
꽃바람 불 때마다
덜렁이는 팔, 빈혈에 시달리다
창살에 매달려 목을 빼고
별자리 기다리는 개나리
촉촉이 내리는 약비

갈대

늪 속에 진흙 속에 발목이 빠졌지
발이 수렁 속으로 빠져들고 있었어
마음속에는 먹구름이 끼었지
무거운 수레를 끌고 있었어
갈색 바다와 갈색 갈대 저문 날처럼 흐린 날씨였어
나는 젖은 꿈에서 벗어나 새가 되어 하늘을 날아오르고 있었지
물길 따라 고기잡이 배 떠나고
층지어 밀려오는 물살 무릎까지 차오르고 있었어
황혼에 물든 가슴 물살에 휩쓸려
물 속 깊이 빠져들고 있었지
흐느끼고 있었어
갈색 바람이 갈색 하늘에 나부끼고 있었지
나는 저지대 바다갈대 흔들리며 서 있었어
목이 말랐어 몸이 점점 말라가고 있었어

무위를 걷는다

아는 것이 힘이라면 나는 모르는 것이 힘일까
모르는 것이 너무 많아 오히려 편안하네
관악산 숲 속에 우물 파고 들어앉아 고목이 되고 싶네
고독의 심연에서 흔들리지 않는 저 뿌리 깊은 나무는 얼마나 아름다운가
횃불로 어둠을 밝히고 타오르는 불길 속에 침묵하고 싶네 무엇인가 깨닫고 싶네
무서움이 왈칵 솟아오르네
헐벗은 잡귀들이 여기저기서 손을 뻗쳐 나를 덮치네
매서운 눈들이 쏘아보고 있네
머리 흔들며 소리 지르고 싶은 충동이 관악산 계곡 홍수를 타고 떠내려가네
내 슬픔도 쓸어안고 질주하네
저 홍수에 욕망 던져 버리고 빈 마음으로 무위를 걷고 싶네
오늘의 이 무지를 끌어안고 싶네
어깨 위로 떠오르는 무수한 생각들
생각 위로 군림하는 무지
물속에서 물고기가 아가미를 벌리듯 내 몸 구석구석 파고들 햇살의 정수리에 입을 크게 벌리네

바로 갈 수 없는 게의 길

농게 한 마리 구멍 속에 반쯤 몸을 담고 있다
들어갈까 망설이고 있다
게는 펄 속을 빤히 들여다본다지만
내가 볼 수 있는 길, 오늘 간다
속에 박혀 있는 수많은 돌을 파내야 갈 수 있는 길
반듯이 가지 못하고 자꾸 옆걸음 친다
바로 갈 수 없는 게의 길, 사팔눈으로
세상을 보는 탓인지 옆으로만 걷는다
대상을 피해 가고 있다

갯벌에 까만 점처럼 깔려 있는 게들
집 한 채씩 달고 있다
갯벌 속에 무수한 말이 있다 저희끼리 주고받는 말들
인기척만 나면 일제히 사라진다
나를 그들 속으로 이끈다
내가 옆으로 가지 못하면 끌어가고 밀어주는 게들
등 위에 햇살이 따갑다 반짝이는 갯벌 옆으로 가는 게들
나는 옆으로 길을 간다 대상을 피해 가고 있다

낙지의 슬픔

욕망으로 가득 찬 나는 오늘도 바닷가에서
꿈틀거리는 갯벌로 들어간다
낙지가 되어 펄 속 깊은 집 안방에 앉아 있으면
뻘꾼들이 검은 손을 넣어 끌어낸다
깊기는 하나 너무 낡아서 뼈대와 지붕이 허물거리고
문이 커서 쉽게 들킨다
그들의 억센 손이 나를 휘어잡을 때
여덟 개의 발이 위로 솟구치며 팔뚝을 물어뜯지만
긴 장화 신은 끈기를 이겨낼 수는 없다
그들의 환한 웃음이 텅 빈 펄 구멍을 채우고
나는 무너진다

물살이 찰랑일 때 희망은 부풀어 오른다
바닷물이 점점 방으로 스며들고
나는 촉수의 부드러운 발로 넓은 바다를 여행한다
그러나 어부들이 쳐놓은 통발에 걸려들고
어둠에 갇힌다
재빨리 바깥세상으로 발 하나를 내밀어 보지만
빠져나갈 공간이 없다
아픔이 머리 끝까지 치민 나는 조용히 눈을 감고
암흑세계에서 슬픈 낙지가 된다

세월의 늪에서 다시 싹을 틔우는

세월이 나를 낚는다 얼마만큼의 무게로 낚아챌 것인가 해묵은 시간에도 꽃은 핀다고 하지만 자꾸 투망질 하는 무게 벗어날 수는 없다

깊은 잠 자고 있는 갈대숲 헤치고 겨울 바다로 나간다 환하게 트여오는 수평선 시린 손끝을 흔들며 부드럽게 불러 보지만 성난 파도가 가로막으며 무섭게 몰려온다 세월이 나를 삼키듯이 파도가 나를 한입에 널듯이 달려오며 이승과 저승을 겁 없이 넘나드는 파도와 갈매기 한 마리 수면水面 위로 떠오르며 실루엣을 이룬다 갯물에 삭신 삭이며 묵묵히 바다를 지켜온 화신 같은 갯바위, 그 찌들고 눅눅한 당찬 시간들이 너울너울 춤추는 겨울 바다에서

내 몸과 마음 세월의 거대한 늪 속으로 빨려 들어가고 마는 늪에서 다시 싹을 틔우는

그녀의 눈동자 속엔 그늘이 있다

그녀의 눈동자 속에서 바다가 출렁인다 아득히 수평선이 깔리고 바람이 잔잔한 물살 위로 걸어온다 어선이 지나간다 어부가 그물을 던진다 그물이 가라앉는다 바다는 조용하다 갈매기가 날아온다 달려온 물살이 어깨춤을 춘다 서성이는 바람이 물살 위로 흩어진다 뱃전을 스치는 바람 한끝 서늘한 기운이 돈다 그물 속에 물고기가 가득하다 어선 위의 분위기가 밝다 그러나 하루가 쉽게 풀리지는 않는다 사람을 곤두박질치는 바다 배를 단번에 뒤집을 수 있다 길고 짧은 파도가 뱃전을 때린다 분위기가 점점 무거워진다 어슴푸레한 밤공기가 차다 그녀의 눈이 가물거린다 눈이 슬픔에 젖는다 어둠이 그물을 덮는다 배도 어부도 덮는다 캄캄한 허공, 그녀의 눈동자 속에서 파도가 지워진다 눈동자 속에는 아직 지워지지 않는 그늘이 있다 그녀의 눈동자에서 점점 바다가 지워지고 있다

모래인간

밤이면 모래사장에서 모래인간이 태어난다 꿈틀거리며 불끈 일어설 때 떨어진 모래 조각을 붙인다 눈을 붙이고 코를 붙이고 입 팔 다리 모래 인간은 로봇처럼 걷기 시작한다 해변을 돌고 엉금엉금 걸어 산에 오른다 부실한 육체 때문에 일일이 나뭇가지에 걸려 떨어지는 살점들, 턱이 떨어지고 귀가 떨어지고 전신이 조금씩 허물어지기 시작한다 빈 공간을 찾아 쉬었다 기운이 회복되면 다시 일어나 산등성이 모래흙을 찾아 훼손된 부분을 채워 넣는다 산중턱에 앉아 넓은 바다를 짚어보며 화석처럼 굳어간다 수십년 자고 있던 잠에서 깨어나듯 생기가 돌기 시작한다 양팔 벌려 우주를 안아 올려 몸 안으로 기氣를 끌어 모은다 선한 얼굴에 웃음 짓고 안개 자욱한 앞산을 바라본다 오직 무념無念의 세계, 손을 뻗쳐 모래사장 구석구석 비애처럼 깔려 있는 모래 알갱이들 사랑으로 건져 올린다 주위 풀뿌리나무 건들면 안 된다는 표정이다 나는 밤마다 산등성이를 오른다 메마른 돌샘에서 연분홍꽃 한 송이 피어나듯 차가운 달빛 아래 미소 짓는 모래인간 앞에 두 손 모아 절을 올린다

양지

회룡사 계곡 바위에서 떨어지는 물줄기에 몸을 식힌다 선뜻선뜻 찬 기운이 도는 물 속 맞고 있으면 시원해지는 냉장고 속 양어깨로 쏟아지는 힘에 밀려나지 않기 위해 양발로 바닥을 버틴다 나를 감고 도는 물살, 이대로 굳어진다면 해마다 불려와 황금빛 불상이 되리라 잠자리가 뜨거운 너럭바위 위에 앉았다 날아간다 반듯이 누워 태양을 받는 내 온몸에서 열꽃이 핀다 모자로 가린 얼굴에서 눈물방울이 솟는다 숲 속은 조용하다 익숙한 목소리 내 앞에 뚝 떨어진다

추운 겨울 오한에 떨다가 언 몸을 풀려고 모여든다 여럿이 둘러앉아 부르튼 발바닥을 자랑스럽게 이야기하며 혼자일 때는 넓은 강변에 가 풀잎에 슬픔을 띄워 보낸다 물풀 잡고 떠내려가지 않으려고 발버둥치는 어두운 사연들을 전송한다 햇살이 마음대로 내려와 내 등이며 머리에 앉는다 고마운 마음 따뜻해서 좋다 가파른 언덕의 버팀목들 오늘따라 눈사이 퍼져 있는 웃음들 구김살 없이 밝다 내 안의 꿈들 더운 바람이 주춧돌을 감고 돌 것이다

사물의 내부를 차근차근 먹어 들어오는 비

1. 비는 알을 품고

소리 없이 비가 내린다
수많은 알을 품고
알들은 잠들어 있는 눈을
흔들어 깬다

땅의 촉촉한 균열이 하늘을 향하여
힘껏 벌린다
무수한 햇살이 들어간다
바람이 덩달아 달려간다
빼죽이 돋아오르는 잎새

2. 하늘과 땅의 경계를 지우며

비가 내린다
아득한 질주를 예감하며
젖은 슬픔을 밭갈이한다
하늘과 땅의 경계를 지우며
모둠발로 쏟아진다
내 가슴 속 물길 위에 범람한다

햇볕이 갑자기 내리비친다
환한 하늘
언제 비가 왔냐는 듯 햇살
내 머리 위에 서 있다

3. 마을은 비안개에 잠기고

비 오는 날 꿈을 꾼다
허공에 내리는 빗살들로
가지 손만 앙상했던 가로수들이
생기가 돌며 걸어간다

나는 그 뒤를 따라간다
도중에 만난 내 유년의 버들잎들이
강물에 머리 풀어 헹구면서
우르르 내게로 달려온다

몰려오는 빗줄기 따라
알몸뚱이로 달려가던 강둑
마을은 비안개에 잠기고

4. 빗물 고이 받아 내리며

산기슭 다복솔 아래
초가집 3대가
오붓이 모여 산다

처마 끝으로
빗물 고이 받아 내리며

주변인의 고달픈 삶이
밖으로 새어나지 않게

통통한 기둥으로 잘도 버틴다

5. 눈매에 이는 우수

비 내리는 저녁 무렵 우산을 받고 길을 걸었다 따라오는 발자국들이 나를 부르며 손짓한다 조용히 속삭이며 내 발목 잡는다 우산에서 떨어진 빗방울로 옷깃 적시며 골목을 들어서는데 벽 밑 조그마한 빈터에서 수선화가 웃고 있다

—굳은 흙더미 뚫고 실가닥으로 움터 나오는 연두색 속잎 아침 햇살 받곤 하더니 노오란 꽃대궁이 솟아오른다 어둠의 여로에서 막 벗어난 빛살로 밝은 세상과 입맞춤하며 가냘픈 눈매에 이는 우수

6. 저 빛살, 빗줄기, 물기둥

폭우, 말릴 수 없는 고집, 제 흥에 겨워 아스팔트를 달리다 지치면 멈춘다 천천히 걷다 갑자기 달린다 천둥번개가 자폭한다 때로는 가로수를 무너뜨리고 산채로 고사목을 만든다 빛이 재빠른 동작으로 빗발을 가르며 내 머리 위에서 사방으로 흩어진다 나는 기묘하게 피해 옆 건물 속으로 숨는다 저 빛살, 빗줄기, 물기둥, 쿵쿵 울리는 보도블록 틈새로 작은 풀들이 실눈을 뜨고 성난 하늘을 바라본다 나는 무사하다

7. 하늘에는 비구름이 걷히고

하늘엔 비구름이 걷히고 서서히 떠오르는 북악산

나는 그곳을 향해 발걸음을 옮긴다 6月 햇살은 어느새 후덥지근한 열기로 목덜미를 쏘아댄다 나무들은 기지개를 켜며 층층으로 정장을 하고 잡목들이 운집해 있는 산등성이 바위가 허공을 향해 우뚝 솟아 있다

8. 이끼들의 이동

바위 이끼들이 빗물에 떠내려가요 모진 가뭄에 다 말라붙은 몸이 핏기 돌며 팔다리를 쭉쭉 뻗어요 시내까지 흘러와 돌을 붙들고 떠내려가지 않으려고 발버둥치지만 거센 물살이 사정없이 몰고 내려가요 덩어리 중에서 일부는 떨어지고 나머지는 악착같이 붙어 마을 물이 내려가는 중랑천에 터를 잡으면 이끼들로 가득 차요 매일 흘러가는 물에 부피만 늘어나 그들의 세상이 되죠 밤이 되면 이끼들은 춤을 춰요 온 강을 휘젓고 다니며 강줄기마다 푸른 실로 수를 놓아요 강 끝에서 노 젓는 소리 어영차 노래 부르며 미끄러운 강 언덕을 타고 올라요

9. 빛의 섬세한 말들 뿌리 채 흔들리고

사람들 비가 오면 비를 맞는다 아스팔트에 떨어진 빗방울 숨을 쉬지 않는다 흘러내리는 빗줄기 홈통을 타고 멀리가지 못한다 언덕에 발 걸치고 서 있는 나무들 흔들어주지 않으면 흔들리지 않는다 바람은 빗속을 걷는다 내리치는 빗줄기 따라 거침없이 달린다 햇살은 하늘 뒤에 숨어서 휴식을 즐긴다 때때로 밖을 내다보며 날씨를 관찰한다 나는 구름 꺾어 가슴속에 넣고 불을 지른다 끓어오르다 물이 되어 몸에 고인다 나는 분수처럼 서서 시원한 물줄기를 뿜어낸다 빛의 섬세한 말들 뿌리째 흔들리고 나무 아래 잠자고 있는 바람은 우수수 떨어지는 어둠의 소리 듣지 못한다 나는 비가 오면 비를 맞는다 어두운 골목, 차곡차곡 쌓인 비의 발자국 씻어 내리는 빗줄기 따라 빗속을 걷는다 비 오는 날 아침, 비에 젖어 떠내려가는 사람들 모습이 아름답다

바닷가의 향연

율포 앞 바다, 그 푸르름이 생각날 때가 있다 양날개 벌리고 갯벌을 거슬러오르는 파도 그 모습 보고 싶어 양팔 걷어붙이고 달려간다

안개 속에 허리 접은 수평선 노을이 바다로 빠질 때 나는 거북이가 되어 곱사등을 하고 네발을 저으며 떠가다 멸치 떼와 합류하여 어부들이 쳐놓은 촘촘한 그물을 벗어난다

어스름 속 빛바랜 모래밭 성난 파도가 폭을 넓혀 나를 덮어씌우면 뒤치다 쓰러진 채 그대로 물의 무덤 속을 뛰쳐나온다

안개에 가린 수평선 일몰은 미아가 되고 어둠이 깔린 바위 위에 어깨를 나란히 하고 바다를 바라보는 연인들은 하나가 된다

여럿이 둘러앉아 해삼 안주를 가운데 두고 주고받는 술잔들 갯바람에 촉촉이 젖어드는 취객들 조금씩 먹어 들어오는 물살을 피해 뒤로 물러선다

긴 머리에 꽉 낀 바지 입고 바위에 앉아 사랑을 사냥하는 아가씨들, 갯내 풍기는 비릿한 바람이 서늘하게 쌓인다

밀물과 썰물에 살점 녹아나는 들숨과 날숨의 고향, 채석강을 등에 업고 떼 지어 걸어가는 홍학들 적

송들의 붉은 살갗에 하늘이 之로 박힌다

새벽녘 긴 혀를 내밀고 집 앞까지 출렁거리던 파도는 갈잎 눈 비비는 소리에 귀 기울이더니 슬그머니 물러선다

수직 햇살이 조개껍질에 경계로 선 정오 모래 위에 뒹구는 쪽빛 머플러는 어느 여인의 것인가

갯물 흠뻑 묻어오는 바람에 소녀의 머리칼이 어지럽게 날릴 때마다 야위어오는 반나절

마루 끝에 서서 아득하게 바라다 보이는 바다, 어선 뉘엿뉘엿 지는 해를 바라보며 지나간다

밤에는 백사장 뜨거운 열 식히는 파도의 열띤 소리에 댓돌 위 갯내 나는 신발 선잠 깬다

내 생은 장롱 속에서 빵처럼 부풀고 있었네

고래심줄보다 질긴 세월
얼마나 더 견뎌야 벗어날 수 있을까
낱낱의 나뭇가지에, 낱낱의 풀잎에, 낱낱의 바위 틈에
구름처럼 끼어서 외칠 수 없는 노래들
오늘 새삼 느끼는 건 삶이 지겹다는 것

문득 바다 밑이 생각난다
아름다운 산호 잎이 물살에 흔들릴 때
만장처럼 일어나는 미역 줄기
그 줄기 타고 빼끔거리며 올라가는 물고기들
푸른 세상이 자유로워
나는 물고기로 꼬리 흔들며 유영하고 싶었다
광대한 바다 속에 작은 물고기들이 헤엄칠 수 있다는 것
너무나 당연한 일 아닌가
속삭이듯 몸통 흔들며 내게로 다가오는 수중의 풍경들
그러나 나는 운명의 땅을 벗어나지 못하네

수의를 마름질해 장롱 속에 차곡차곡 묻어둔
꿈을 꾸었네
퇴색된 포장, 얼룩진 내용, 생각은 숯덩이가 되고
희망은 철로 위에 자살을 시도하는데

덜컹거리는 바퀴소리는 까맣게 타 버린
밤 강을 출렁이는데
내 생은 장롱 속에서 빵처럼 부풀고 있었네

줄기찬 빗소리에 귀를 기울인다

비는 저녁내 내린다
강냉이 잎에 떨어지는 빗줄기
문득 천둥번개가 유리창을 때린다
나는 온몸을 움츠리며 줄기찬 빗소리에
귀를 기울인다

마알간 아침 햇살이 밤새 시달린
나뭇잎을 어루만지고
물먹은 떡잎 새로 초록 무지개가 일고 있다
갓 머문 석류꽃 봉우리가 눈망울처럼 영롱하다
레몬은 장독대며 정원 곳곳에
은은한 향기를 내뿜고
새롭게 피어난 소철 부드러운 잎이 광채를 띤다
나는 서둘러 옆 터로 가본다
흥건히 누워 있는 상추는
마치 머리 풀어헤친 물귀신 같다
잡풀 무성한 웅덩이에서는 두꺼비의 이중창이
전국노래자랑을 방불케 한다
억새꽃들이 살랑살랑 바람에 물기를 말리고
낮은 풀들이 이슬 털며 푸릇푸릇 고개를 쳐든다

나는 한결 마음이 상쾌해진다
뒷산 뻐꾸기의 투박한 울음소리가
솔바람 타고 송전되는 조용한
고향집 앞마당에서
간밤 천둥번개에 감전된 듯 홍조 띤 살구들을 줍는다
뒤뜰 알통 붉어진 팽나무 위에 가부좌 틀고 있는
까치집이 산뜻하다
나는 혹시 올지 모르는 손님을 위해 축축한
아궁이에 불을 지핀다

저수지의 풍경

1

산 그림자를 통째로 삼켜버린 저수지
물살의 뚜껑을 벗겨버리면
켜켜이 쌓인 세월을 헤엄쳐 온 물고기들이 뒤집힌다
오래 견뎌온 자존의 생명체가
웅얼거리며 수면 위로 올라와 부서지는 햇살에
몸부림을 치고 있다
한 번도 속을 드러내지 않던 저수지는
가슴의 상처 조용히 안으며
목울대를 넘어선 이 울림을
차근차근 접어 제자리로 돌아간다

2

가두리 양식을 품고 있는 저수지
낚시하기에 좋고 물고기가 많아 낚시꾼이 모여든다
가장자리엔 플랑크톤이 너울거리고
치어들이 웅성거리며 헤엄쳐 다닌다
더러는 죽어서 떠내려가다 물고기 밥이 된다
자세히 들여다보면 물이 흐리고 치어들은 검은 빛이 난다

졸고 있는 낚시꾼
지혜가 생긴 물고기도 낚시 때가 되면 자울거린다
몇 마리도 못 잡고 되돌아가는 낚시꾼의 목덜미를
햇볕이 강렬하게 내리쬔다

바람 방향 따라 물은 흐른다
월남 저수지가 흐른다
팽나무에서 매미의 사분음이 물살에 부서진다
새끼 잠자리 입에 물고 주춤거리는 고추잠자리
약육강생의 치열한 전쟁터
저수지 저편으로 한가롭게 노는 조류들
양 날개 쭉 펴고 날아가다 물고기를 날쌔게 채 간다
출렁이는 물 위에 앉아 여름 보내는 백로들
해감내 나는 배 어스름 실어 나를 때
산 속으로 자취를 감춘다
울긋불긋한 텐트가 수풀 속에서 고개를 내민다
더위를 피해 낚시 온 조류들 며칠 있으면 떠나갈 철새들
어둠이 땅거미 질 때
꾸역꾸역 텐트 속으로 들어간다

그 넓은 바다를
겁 없이 넘나드는 어머니

이른 새벽 김 서린 샘물 길어
지앙께 공 드리시던 어머니
곱게 빗어 내린 검은 머리가 저고리 깃 위에서
출렁거리던 모습이 아련합니다
밟을수록 되살아나는 보리 잎의 끈기로 살으시면서
느티나무에 눈물의 불씨 묻어 두고
속상할 때면 달려가 되새겨 보시던 어머니
찬기 올라오는 아랫목에 앉아 바느질하시던 손길은
언제나 넉넉하고 따뜻했습니다
산처럼 묵묵히 방 안 가득 온기 높였습니다
세차게 흐르는 강물처럼 당당하셨습니다
물결치는 내 가슴에 햇살 푸른 등대로 우뚝 솟았습니다

관 속의 얼굴은 목련같이 밝으셨습니다
가파른 언덕을 오르시더니 숨찬 산마루에서
어느 날 갑자기 노을빛이 되셨습니다
부음을 접어든 날 낮달은 유난히 높이 떠
내 슬픔을 위로해 주었습니다
눈물이 나를 덮치던 그날, 흰 장례차가
햇볕 속에서 눈부셨습니다
관이 땅에 묻힐 때까지도 걱정의 숲이었던 나는
미처 그 사랑을 헤아리지 못했습니다

이제 걸어오신 발자국마다 고였던
눈물 흩어져 버렸습니다
어머니 강둑엔 억새풀도 비바람도 멈췄습니다
돌아 돌아다니시던 노인당 골목길은
짙은 안개가 깔리고 어둠이 내렸습니다
그 긴 낮과 밤을 침묵으로 일관하신 어머니
오늘같이 눈 오는 날에는 삭막한 무덤 속에도
따뜻한 햇살이 비치겠지요

머리 위에서 나를 내려다봅니다
내 모습을 보려고 늘 주위를 맴돕니다
희미한 얼굴로 고개 끄덕이며 항상 웃고 있습니다
내가 투정 부리면 훌쩍 사라졌다
그 자리에 다시 나타납니다
외출하는 날은 먼저 대문 밖에 서 있다가
앞장서 길을 비춰 줍니다
흐린 날은 이리저리 구름 제치고 쳐다보지만
애꿎은 비만 까치발로 내립니다
가냘픈 허리 휘어지게 일하시다 수건 털털 털며
부엌으로 들어가 저녁상 차리시던 어머니
이제 바다 한가운데 우뚝 서서 외롭게 흐릅니다
그 넓은 바다를 겁 없이 넘나드는 어머니입니다

고사리 같은 어린것들을 그리며

억센 물살을 헤엄쳐 귀천歸川할 때
연어는 두려움이 없었다
심해, 굽이굽이 죽음의 해일
한고비 넘으면 또 고비
깊은 바다에서 얕은 바다로
조상께서 했듯이 관습대로
물맛 따라 찾아가는 고향 길
큰 세상으로 나가라는 어머니의 유언 따라
태평양 넓은 바다로 떠나온 지 4년
힘센 물고기에 잡혀 먹힐까 두려웠고
그물에 걸릴까 무서웠지만
이리저리 피해 다니며 여기저기 기웃거리며
잘도 살았다
그 험악한 세파世波를 거침없이 넘겼다
연어가 고향 대천을 떠날 때 방향 감각이 둔한 이웃들은
댐 공사 흙더미 속에 깔려 많이 죽었다
위험은 언제나 뒤따랐고
지혜롭게 파도를 잘 타야 살아남을 수 있었다
안전한 곳에서 움츠리고 있다가
잔잔해지면 물결 타는 의지도 필요했다
심줄까지 보이는 맑은 물에
고사리 같은 어린것들을 그리며
연어는 따뜻한 고향의 품에 안긴다
뿌리 없이 떠돌던 태평양 시절을 회상하며

제4부

모든 상처에 꽃이 핀다

상극

발밑에서 거품을 뿜고 있었어
달팽이를 독을 쏘아 마비시킨 개미 떼가
딱딱한 껍데기 속으로 들어가
부드러운 생살을 물어뜯고 있었지
미끄러운 달팽이를 집에서 끄집어낼 수 없었어
달팽이 살 속으로 파고든 개미 떼를 일일이 잡아낼 수도 없었지
그들은 상극이었어
그대로 바라보고 있을 수밖에
그런데 느닷없이 소나기가 쏟아지기 시작한 거야
벌어진 입으로 개미 떼가 둥둥 떠내려가고 있었지
독에서 깨어난 달팽이는 연속 빗물을 내뿜고 있었던 거야

누에

별이 되어 엄마가 채반에 깔아준
뽕잎을 먹으며 자라고 있어요
밤낮으로 곱게 길러준 은혜에 보답하기 위해
몸속에 꿈을 저장하고 있어요
가늘고 질긴 아름다운 실을 만들고 있어요
장마철엔 뽕잎 먹기가 거북해요
토악질이 나요
그렁그렁한 물기 닦아내는 엄마의 손이 꺼칠해요
보름달이 차오르듯 누런빛이 눈썹까지 차면
실을 뽑아 집을 지어요
아늑하고 조용한 흰 둥지 속에 내 육신 묻어요
영혼의 잠속으로 빠져들어 가요
나비로 환생하여 후생을 위해 부지런히
알을 낳고 소멸해요

한편 나는 엄마에게 집 한 채씩 안겨주고
살은 살대로 영혼은 영혼대로
필요에 따라 불려 가요
내 영혼은 질겅질겅 씹히는 맛 좋은 영양분으로
살은 세상의 추한 몸을 가려주는 질 좋은 옷감으로

눈 오는 날 경비원의 목소리

아파트 뜰이 하얗다 베란다에 널어진 빨래가 하얗게 웃는다 나박나박 흰 배추나비처럼 내리는 눈, 하늘과 땅의 경계가 지워지고 모든 길은 눈 속에 누웠다 전나무에 핀 눈꽃이 나를 사로잡는다 내 마음은 눈처럼 포근하다 목련꽃처럼 피어오른다 모두가 하얀데 아파트 유리창만 두 눈을 뜨고 있다 그 밑에서 경비가 싸리비로 눈을 쓴다 선명하게 드러난 길바닥 아이들이 눈싸움을 한다 눈을 뭉쳐 이리저리 던진다 눈 뭉치가 경비의 이마에 맞는다 일제히 경비를 향해 눈을 던진다 그는 눈을 맞으며 모기 소리를 내며 웃는다 그의 목소리는 가냘프다 목구멍에서 여린 소리가 난다 목청 안에서 억지로 뽑아낸다 특히 눈 오는 날이면 더욱 가늘다

햇살이 쌓아둔 장작에 불을 지핀다

마루 위에 마른걸레가 뒹군다 먼지가 수북하다 열려진 한지 창문으로 드나드는 실바람이, 가냘픈 손을 들어 방 안을 가리킨다 대자리가 깔려진 방 안은 이불이 제멋대로 널려 있다 개집이 집을 지킨다 토방머리에 신발이 짝짝이 떨어져 있다 댓돌 위 적막이 잠을 깬다 햇살이 쌓아둔 장작에 불을 지핀다 한뎃잠 자고 있던 바구니가 주인을 찾는다 나는 마루 끝에 앉아 주인을 기다린다 부엌에서 고양이가 야옹하고 운다 깜짝 놀라 부엌을 둘러보지만 고양이의 흔적은 없다 친구한테 편지를 보냈지만 아마 답장은 오지 않을 것이다 구름처럼 피어오르는 달그림자, 밤은 깊어가고 이슬이 머리 위로 촉촉이 맺힌다 나는 이불 끌어다 덮고 눕기 위해 마른걸레로 마루를 훔친다

레일 위의 장미

레일 위에 장미 한 송이 떨어져 있다 그녀가 바라본다 기차가 지나간다 바퀴에 뭉개진다 꽃물이 번진다 레일 위에 장미가 무더기로 떨어져 있다 그녀가 다가가 한 송이 집어 머리에 꽂는다 또 기차가 지나간다 바퀴에 뭉개진다 꽃물이 튀어 밴다 빽빽한 숲 속에서 소쩍새 울음 한 다발 떨어지고 그녀 가슴이 붉게 물든다 철로 주변에 영산홍 피고 꽃 잔치가 벌어진다 핏빛 그리움의 가슴, 그녀는 사랑이 뭉개졌다고 울먹인다 레일 위에 빨간 장미꽃 한 송이 떠오른다 소쩍새 우는 밤에 영산홍 붉은 피 토하고 장미는 춤을 춘다 기적소리 요란한데 그녀는 사랑을 잃어버렸다고 울부짖는다

환희

기쁨에 떨고 있었지 나는 둥근 달처럼 환하게 떠올랐어 새벽 창틀에 꽃비 내리고 웃음소리가 사방에서 들렸지 계곡마다 물줄기가 솟아오르고 재잘거리며 흘러가고 있었어 돌들이 등을 다독이며 서로 끌어안았던 거야 이 이상 기쁠 수가 없었어 새벽 창틀에 꽃비 내리고 있었지 부실한 창틈으로 깊숙이 스며드는 꽃비, 내 가슴에 젖어들었어 싹을 틔우고 있었어 꽃봉오리들이 앞다투어 입술을 내밀었던 거야 환영할 일이지 갈라진 창틈으로 꽃비가 내리고 촉촉이 젖어들었어 젖은 시간을 반죽해서 마른 공간을 메웠어 너의 얼굴에 윤기가 돌았어 나풀거리는 잎 속에 생기가 돌았고 나는 꽃길에서 손을 흔들었지 사람들이 모여들었어 나는 환희에 찬 마음으로 꽃처럼 활짝 웃고 있었던 거야

모든 상처에 꽃이 핀다

봄 냄새 향긋하다 길은 붐비는 꽃들로 가득하다 풀잎 하나 뜯어 입 속에 넣어본다 푸른 물 냄새가 입 안에 가득하다 풀 향기에 취해 정신이 몽롱하다 마침 봄바람이 길을 가다 멈춘다 축 처진 버들잎들이 춤을 춘다 그 밑에서 사람들이 어깨를 들썩거린다 개들이 멋없이 달린다 가다가 풀숲에 한쪽 다리를 들고 오줌을 눈다 벌레들이 꿈틀거리며 반대쪽으로 옮겨 눕는다 나는 풀밭에 앉는다 언덕 위 보릿고개에 서서 휘어지도록 바람을 마셨다 앞산 굽이굽이 고여 있는 적막 다스리며 홀로 걸었다 쓸쓸함이 바닥에 깔린다 발에 잘게 부서진 낙엽 틈으로 햇살이 쌓인다 가는 비가 내리고 누룩처럼 뜬다 기억이 담 밑으로 걸어간다 들깨꽃이 피고 기억 속 시간이 풀어진다 봄 냄새 향긋한데 담 밑에서 들깨가 싹이 트고 모든 상처에 꽃이 핀다 아픔도 슬픔도 꽃이 된다

바람 부는 날

태풍 볼라벤이 배 농사 망쳐 울상인 그녀 밤낮으로 밭에 앉아 목숨 건 투자를 바구니에 담는다

주인 잃은 새 둥지처럼 나뒹구는 배, 밭고랑 사이로 어둠이 깔리고 모질게 떨어진 꿈들 그녀의 빈 주머니로 가득 찬 한숨이 처진 어깨 위로 무겁게 걸린다

허무감만 안겨주는 구진포의 바람 지친 허리 눕히고 기어가는 구름 속에는 허무가 누에처럼 꿈틀거린다

꿈틀거림은 살아 있음을 알리는 것, 살아 있음의 허무 모두가 그녀의 가슴 속에 박힌 기이한 상처들 되돌아갈 수 없는 지난날 추억으로 남을 뿐 이력이 되지 않는다

그녀는 손을 멈추고 허무를 씻는다 구름이 냇물에 흘러가듯 강물에 떠내려간다

바람 부는 날이면 뒤 언덕 임자 없는 묘 유령이 집 모퉁이를 몇 바퀴씩 돈다

다 헐린 묘 옆에 앉아 채마밭 매는 그녀

남편과 싸울 때마다 올라가 가물거리는 지평선을 바라보며 눈물 흘리던 곳 그녀의 피신 공간이다

사람은 누구나 절실한 피신처를 가지고 있다 꼭

시원한 바닷가나 깊은 산 속 아니어도 무거운 무게 내려놓고 아픈 마음 달랠 수 있어 좋다

큰아들이 도시적 삶의 극한에서 자본의 위력을 극복하지 못하고 하향했을 때도 부추꽃이 구름처럼 피어올랐다

태풍 불던 날, 잔정 많은 감꽃은 무더기로 떨어져 나뒹굴어도

마당가에 묵묵히 서 있는 은행나무는 뿌리가 뽑히지 않듯이 삶도 그렇다는 듯 낮게 엎드린 채 새로운 날을 준비하고 있었다

생명은 봄을 싣고

1. 발자국

빛의 날개 달고
겨울 강을 건너
쏜살같이 달려오는 봄
들녘 여기저기 비밀의 새싹들이
웅성거린다
바람의 부드러운 숨결이
내 겨드랑이에 스며들고
햇살 조각이 발등으로 쏟아진다
나는 그 속에 연두색 발자국을 찍는다

2. 목련

네가 이 세상에 태어날 때
올해에는 눈이 내리고 있었다

아직 덜 떨어진 겨울 끝에서
새우잠을 자며
소망의 꿈 피어 올리는
잔털에 쌓인 하얀 목덜미

눈目과 눈雪이 마주치는 봄 언덕을
백로들이 날고 있다

3. 벼랑

벼랑에 몸통째 흔들리는
적송 한 그루
겉흙은 떨어져 나가고
몇 가닥 뿌리만 땅속에 묻혀 있다
등거죽만 남아 죽음의 버짐들이 눌어붙어 있다
그러나 나풀거리는 잎들

4. 휴식

따뜻한 봄날
묘 언저리 택지
개미는 한 부대를 이끌며
서식한다

터를 닦고

기둥 세우고
하얀 먹이를 질서 있게 나른다
(개미는 맡은 일에 충실하기 때문에 이탈자가 없다)

실강으로 갈라진 실내
노을빛 몰아넣어
모처럼
아늑한 저녁을 보낸다

5. 동면冬眠

우수 경칩에 개구리는
구겨진 몸을 펴고
겨울잠의 심연에서 뛰쳐나온다
툭 불거진 눈으로
낯선 세상을 두리번거리며
아직은 조용한 삶의 터전이었던
냇가로 향한다
물살에 씻겨 반짝거리던 돌이며
산란했던 웅덩이의 기억을 더듬어가며
앞발과 뒷발을 쭉 뻗고

물속으로 뛰어든다
겨울 동안 움츠렸던 마음이
일시에 물에 젖어들며
개구리는 유선형으로
푸른 늪을 향하여 헤엄쳐간다

6. 약수터

약수 터지는 소리가 내 발 끝에 닿고
돌 틈새로 솟구치는 물그림자
피라미 떼 몰고 다니는데
자작나무 꼭대기 까치
무슨 소식 없나 아래만 내려다본다
오늘은 감자 심는 날
감자 씨 하나 베어 물고 허공을 날다
계곡물에 빠뜨리고
비상한 눈으로 들여다본다

7. 화음

비 내리는 날, 담 밑에 엎드려 귀 기울여 보라 촉촉한 땅속에서 실눈 트는 소리

흙에 호미를 대고 긁어 보라 딱지 떨어지는 소리

땅 밑으로 냇물이 흐르고 발을 뻗어 여기저기서 끌어들이는 물소리와 지층에서 솟아오른 김이 아침이면 사방으로 퍼져 나가는 심장의 박동 소리

푸른 눈을 가진 잎새들이 두꺼운 흙을 밀고 넓은 세계를 내다보고 풀들이 지하에서 부스스 털고 일어나 산뜻한 연두색 모자를 쓰고 세상 밖으로 고개를 내민다

땅 위로 솟은 초록 손들이 봄빛에 서툰 발바닥을 두드리며 봄소식을 전해 오고

닫았던 창문이 활짝 열리자 봇물 터지듯 쏟아지는 풀 향기에 취해 잠자던 나무가 눈을 뜬다

아직 눈 못 뜬 애벌레가 점자로 땅속 길을 짚어가다 어둠을 내뱉고 시원하다는 듯 지상으로 탈출하는 소리

추억은 내 몸속에 용해되어 흐르고

1. 등 시린 바람

눈 그치고 한적한 겨울밤
땅거미 질 때 살금살금 사다리 타고 올라가
처마 끝에 마른손 넣어
끄집어내던 참새 알
잉잉거리는 대숲 찬바람에
잔 날개 접으며 조잘거리던 참새 떼들
문풍지에 어렴풋이 별빛 떠나고
초가지붕 군데군데 눈 녹아내리고
정적이 마당 한가운데 웅츠리고 있을 때
고개 넘어 휘적휘적 걸어가던 등 시린 바람
어린 시절 토방머리에서
양손 훌훌 불며 언 발 녹이던
그날의 풍경

2. 하늘엔 별이 가득하고

빨강 봉숭아들이
옹기종기 흐드러진 고향 장독대
여름 햇살도 산마루에 걸리고

시원한 바람이 낮은 골목으로 불어오면
툇마루에 걸터앉아 물들이는 일이
하루의 즐거움이었다
반죽한 봉숭아를 손톱에 꼭꼭 묶고
배 위에 두 손을 나란히 얹고 잤다
눈 감으면 하늘엔 별이 가득하고
내 마음 기쁨으로 전이돼 갔다

추석 때면 모싯잎 따다 송편 만들어 먹었다
송편 속에 고향 냄새 향긋하고
뒷산 뻐꾸기의 구성진 노랫소리도 한몫을 했다
장만한 음식을 이웃과 나눠 먹으며
남의 상처를 내 걱정처럼 여기던 사람들
마을 전봇대에서 윙윙 바람 부는 소리가 들렸다
고샅 끝 청기와집에선 평화롭게
산조 가락 은은하고
담 너머 갈대 우는 소리
내 마음 슬픔으로 채색돼 갔다

3. 호젓한 오솔길을 걷노라면

어둑한 길에 인기척 들린다
품앗이하고 돌아가는 여인들
자꾸 가로막는 어둠이 길 비켜서며
반딧불이 떠오른다
깜박깜박 비행하는 반딧불
별똥별처럼 떨어진 풀숲에서 집어
호박꽃 속에 넣는다

호박등 밝히고
풀벌레 요란한 논둑길을 걷는다
잘잘 흐르는 도랑물 소리 발목을 적신다
한 번 더 발길을 돌리게 할
벼의 고소한 냄새에 희망을 걸고
몸속까지 파고드는 오한과 싸우며
어둑한 논길을 가고 있었다

호젓한 오솔길을 걷노라면 도토리
툭툭 떨어지는 소리 여기저기 새겨져 있다
아직은 해맑은 풋내기지만 알알이
주워 모으며 세상일 다 잊어버리고

공허의 세계로 빠져든다
아직은 낙엽 지지 않은 길 쓸쓸한
내 발자국 묻으며
어스름한 숲길을 가고 있었다

4. 잊었던 기억이 햇살 쪽으로 뻗고

덩치 큰 느티나무
마을 입구에 두 손 잡고 서 있다
내리쬐는 햇살도 들어갈 틈 없이
머리숱이 많아 항상 그늘을 만든다
집안 사정을 잘 아는 믿음직한 이웃
나무를 심은 뒤로 자손이 번창해졌다는 전설을 가진 느티
삶의 뿌리가 튼튼할수록 신앙처럼 믿게 된
사람들

군데군데 시멘트로 봉인된 몸
터진 살갗으로 공기를 들이마시면
누웠던 세포들이 일제히 일어나 깃발을 든다
잊었던 기억이 햇살 쪽으로 뻗어 가면
가지마다 배꽃처럼 피어나는 웃음들

느티부부는 달밤이면 휘파람 불며 유년의 길을 가곤 했네
동네 사람들이 놀다 간 평상 위에 이슬이 내렸다
밤꽃이 피고 있었다

5. 누워 있는 물빛이 서러웠다

묵묵히 큰 산 허리를 감고 도는 강
잡풀도 무성해 네 잎 클로버 찾던
내 하얀 칼라가 물살에 출렁일 때마다
노을 깔고 누워 있는 물빛이 서러웠다
내 묵은 추억 가닥가닥 잡아 강물에 씻고
새롭게 태어나고 싶었다
강 어디쯤 빛나고 있을 부싯돌
마음속에 간직하고 싶었다
밤이면 달빛이 생각 나 비단결 같은 손으로
몸 씻던 누님 같은 강
이젠 누님도 시집가고 빈 마을만 남아
강둑엔 씀바귀, 민들레, 개나리 줄줄이 피어
온 강을 노랗게 물들이다가
오필리아처럼 떠내려가던 들꽃들
반짝반짝 은빛 이는 강줄기 따라 걷다 보면

내 그림자까지 삼켜버린 저 관능
바지 걷어붙이고 대사리 줍던 강 한복판을
햇살이 쏘아보고 있었다

6. 다시 걸어가고 있었다

화들짝 깨어 보니 꿈이었다
초원의 벌판에서 사슴들이 주룩주룩 비를 맞으며
어딘가를 향하여 가고 있었다
청솔가지마다 빗살무늬의 푸른 잎들이
비를 맞으며 소리 없이 시들고 있었다
나는 장대처럼 일어나 넓은 들판을 향하여 걸어갔다
죽음의 동굴 지나 사해를 넘어 황폐한 사막에 이르러
흐트러진 머리 갈기갈기 찢어진 옷 돌아볼 새 없이
아픔을 바다에 던지고 시퍼렇게 치솟는 태양을 향하여
다시 걸어가고 있었다

달빛 가득 넘치는 유자밭을 걸었다
그러면 유자꽃들은 파도처럼 넘실대며
섬사람들이 살아가는 이야기를 들려준다
좁은 잎 사이로 수줍게 웃고 있는 유자꽃

달빛은 넓은 가슴으로 살금살금 다가가 속삭였다
모두가 잠든 마을 길에는 눅눅한 바람이 불고
처량하도록 부드러운 유자밭에 파도소리 무르익어 갔다
고요히 새벽이 열리고 피어오르는 안개꽃 여 본다
달빛이 좋아 풀잎마다 새겨진 달그림자 밟으며
섬으로 가고 있었다

어둠이 소멸하는 죽능사 계곡

죽능사 골짜기
초저녁, 풀들이 오붓이 모여 귀를 세운다
자정이 넘은 시간
어둠을 뚫고 흘러나오는 웃음소리
낡은 단청 귀퉁이에 일렁인다
새벽녘, 밤샌 풀들이
별 지기 전 눈 붙이기 위해
일제히 한쪽으로 쏠린다

죽능사 용머리
비둘기 앉아 있다
잠시 머뭇거리고 있는 흰 날개는
아침 햇살에 눈 부시다
미세한 바람에도 두 눈을 훔치는 꾀죄죄한 눈빛
칠월의 활기찬 아침을 열며
앞산 푸른 이마를 눈앞에 두고
부리 내밀고 고개 쫑긋거리는

죽능사 계곡 엉겅퀴꽃 피어 있다
어둠이 밤새도록 검은 물 들이며 활보하다
새벽이면 훌쩍 떠나버리고 나면
핏기 없는 엉겅퀴는 햇살을 기다린다

빛의 실핏줄이 나무 사이를 뚫고 숲속으로 수혈되는 순간
전신으로 퍼져오는 온기에 잠시 눈을 감는다
나무 끝에 걸려 있던 정적이 바람을 일으켜
피로를 저쪽 벼랑 끝으로 몰아붙이면
밤잠을 설쳤던 엉겅퀴는 깊은 수면睡眠 속으로 잠식돼 간다
태양이 마당 그늘을 삼키며 용머리에 머뭇거리고 있을 때
저 아래 묵정밭에서 흔들리는 강냉이 잎
큰스님 대웅전 바라보며 공양염불 올리는데
어둠이 소멸하는 죽능사 계곡 태양볕 곱게 물든다

숲

1

거실 소파에 누워 베란다 유리창으로 투박한 별들을 바라본다 숲과 숲 사이 깊은 골짜기를 누비는 별들, 내 마음까지 빼앗아 주머니에 담고 나는 별들

울창한 숲 속에선 간간이 아기 울음, 두런거린 사람 소리, 어디엔가 빛이 있을, 주인은 없고 자동차만 있는 보이지 않는 선線들이 서로 뒤엉켜 잡아당기고 끌려가는 팽팽한 대결이 날마다 벌어지고 있는 생활공간, 나는 칸칸의 유리 창문을 두들겨 본다 꿈처럼 매달려 있는 화분의 유자들, 가족 사랑을 느껴보지만 거실은 비어 있다

별빛 떨어지고 풍경이 잠든 시간, 외눈박이 외등은 죽음처럼 서 있다 아스라한 이십사 층 창문에 걸터앉은 달무리 진 별, 경비실 희미한 불빛이 마주 보며 받아내고 있다 내 가슴 속 불빛마저 촛불처럼 점점 소모해 가는 심지를 감지한다 사막 같은 밤에

2

내소사 전나무 숲, 긴 통로를 아작아작 걸어가네
흰나비 노을 따라 날아가네

그 작은 날개로 허실허실 저승길 찾아가네
길 따라 가다 보면 벼랑 끝이 열리고 만장절애로 떨어져 상처뿐인 몸으로 돌아온들 부처께서 받아주실까
석양을 업고 누워 있는 전나무 숲 들금들금 햇살이 나무 벽에 달라붙네
치자 물 흩뿌리며 내 머리 위에 버짐처럼 내려앉네
참선하라는 뱁새의 주문 외우는 소리에 내 귀가 번뜩 트이고
지장보살 불호령에 내 발이 빨라지네
웅장하고 높은 키, 구름은 안 보이고 안개만 싸여 적막이 눈뜨는 내소사 전나무 숲
험상궂은 일주문 사천왕이 왈칵 손을 뻗어 내 등을 잡아채네

북한산 중턱에 흘러내릴 듯한 저 나무들 허공을 향해 솟는 주먹들
하늘에 매달려 뚝심으로 버티고 있다
밤마다 내 안에서 자라는 나무들 뿌리가 빨아들인 강줄기가 골짜기를 누비며 거슬러 오를 때
발돋움하는 숲은 잔잔하다
스크럼을 하고 빈틈없이 둘러싸인 숲, 한데 어우

러진 나무들, 바람이 칼날을 세워 흔들면 한몸이 되어 막아낸다

소금쟁이처럼 가볍게 밀려가는 햇살이 잘게 부서지는 오후 발부리에 밟히는 고사리들 햇볕이 부러운 듯 짧은 손을 내민다

손바닥을 통해 온몸으로 흡수된 햇빛이 넘칠 때 빨라진 맥박 자제하며 서 있는

순간순간 내 눈총 받던 잔가지 많은 나무들

가을에 부치는 편지

뭉게구름 지붕 위로 탐스럽게 피어오르는
가을밤
비틀거리는 세상 귀퉁이에
푹 빠져 보기도 하고
내 마음의 바다에 물결쳐오는 쓸쓸한
배 한 척 띄워 보기도 하고
갈대밭 젖은 바람 따라 펼 길 걸어보고
뚝 떨어진 다홍색 낙엽 밟아 본다
달빛이 들녘을 줄달음질 친다
불쑥 겨울로 가는 길이 서글퍼
며칠 더 머물고 싶어진다

설악산에 들어가 색동옷 입고 불길처럼
타오르는 단풍과 섞이고 싶다
노년기 신열을 발산하는 황홀 속에 들어가
무거운 짐 훌훌 털어 버리고
가벼운 마음으로 우뚝 서고 싶다
한 몸으로 어우러진 어깨와 어깨
절정의 능선마다
붉은 영혼들이 숯불로 타오르고
푸르게 살다가 환호성 함께 받으며
아름답게 죽어가는

장엄한 날갯짓 배우고 싶다

슬픔에 쌓인 낙엽이 날리는 계절 깨알같이 쏟아지는 훈훈한 이야기를 망태 엮듯 엮어 그대에게 보냅니다

아직 들녘 풀잎 나풀거리고 산들바람 저문 강가에 머무는데 들새 떼들 어둠에 몸을 싣습니다

활짝 풀어헤친 억새꽃 사이로 반점투성이인 감잎이 떨어집니다 그 사이를 가을이 엉금엉금 달려갑니다 다복솔 양손 흔들며 전송합니다

가을을 담은 시 한 편이 살포시 내게로 다가와 앉습니다 누구의 시인지 모르지만 아련히 머리에 떠오릅니다

골목길 비추던 가로등 별빛 따라 꿈꾸는 시간입니다 머지않아 새벽길 서릿발 내리며 흰 발자국 위에 가을 이야기 새기겠습니다

수로가 흐르고 저만치 길가에서 수양버들이 수심에 찬 듯 고개를 떨구고 있습니다

말끔히 이발한 논두렁엔 알찬 벼가 가득가득 채워져 있고 산허리를 등진 이동식 집들이 시선 끌어들여 뽐내기를 하고 있습니다 들국화가 무더기로 서

있는 쓰레기 소각장에선 폭폭 솟는 비애를 하늘에 매달고 있습니다

과수원 한복판에선 오렌지색 지붕이 세상을 내다보고 가지마다 주렁주렁 봉지 매단 배나무 손놀림이 바빠집니다 허릿심을 자랑하듯 군데군데 장대처럼 서 있는 전봇대 표정이 우중충합니다

먹구름이 흰 구름을 점령해 갑니다 물먹은 별은 먹구름 뒤로 숨고 하늘이 낮아집니다 살갗에 닿는 빗방울 감촉이 서늘합니다 나는 머뭇거리던 가을이 실제로 다가서는 이 들녘에서 풍성한 삶의 체취를 실감해 봅니다

정다정 환상시(幻想詩) Rhetoric의 수월성(秀越性)

— 제2시집『고독을 품고 사는 시니피앙들』평설

이 수 화
(사)세계문인협회 고문, 한국문인협회 · 국제펜클럽 원임부이사장

1.

정다정 시는 환상시(幻想詩)의 세계를 구현한다. 따라서 환상시 특유의 미학적 특성인 현실 전복을 꾀한 결과물로서의 아름다운 유토피아 지향성 텍스트 확보에 이르고 있다. 특히 정다정 환상시의 이와 같은 미학 확보에는 시인의 오랜 적공에서 비롯한 수사학(修辭學 · Rhetoric)의 뛰어난 세공으로 빚어지는 산문시(散文詩) 솜씨가 크게 작용하고 있음을 볼 수 있다. 가령,

자물쇠가 채워졌다 나는 머리가 아프다 배가 고프다 떠가는 구름이 그립다 날아가는 새가 보고 싶다 여윈 웃음이 창살을 통해 밖으로 나간다 밭 귀퉁이 모진 억새가 머리 풀고 흔들린다 내가 바라보는 저 나무는 분홍 꽃이 핀다 열매는 복숭아 빛이다 봄을 반기는 마음 먼 산에 있다 산 능선 따라 피어

나는 진달래 아장아장 걸어간다 가물거리는 저것이 아지랑이인가 내 앞을 스치는 바람 끝이 길다 감옥 속엔 자유가 없다 구원의 손길을 뻗을 곳이 없다 감옥 속에서 내 생이 잠든다 무덤 속 어머니께 절을 올린다 무덤 속에서 숨을 쉰다 무덤은 내 고향 냇물이 흐르고 발자국 소리가 난다 바다가 있고 형제가 있다 이웃이 있고 겨울이 있다 무덤 속에서 밥을 짓고 김이 솟아오른다

—「무덤 속에서 발자국 소리가 난다」 전문

예시(例詩)의 형태는 산문으로도 철저한 산문이며 그 내용 또한 그러하다. 거기다가 내재율(內在律) 또한 그러해서 정다정 산문시(散文詩 · Prose Poetry)의 전형성(典型性)을 보여준다. 다시 말해서 산문으로 쓴 시(a poem in prose : 金宗吉論)가 산문시(散文詩 · prose poetry)라는 개념 정의에 핍진성의 합당함을 보여주고 있다 하겠다. 만해(卍海)의 「님의 沈默」, 이상(李箱)의 「꽃나무」 그리고 서구의 보들레르와 트루게네프의 산문시가 그 형태와 더불어 그 포에지(詩精神)에서 자유시 시정신의 광휘로움을 보이거니와 정다정의 예거한 산문시와 이번 시집 『고독을 품고 사는 시니피앙들』(2013. 6. 도서출판 천우 刊)에 중심 축을 이루는 산문시군(群) 또한 새로운 산문시 경계를 창출하고 있다. 환상시(幻想詩) 세계를 구축하는 레토릭(修辭學 · 수사학 · Rhetoric)의 수월성(秀越性)을 거론치 않을 수 없다.

예시의 경우, 메타 텍스트 「무덤 속에서 발자국 소리가 난다」에서부터 우리는 정다정 산문시의 환상성(幻想性)을 만나는 신선한 충격으로서의 시적 쾌감에 직면하게 된다.

정다정의 환상시 텍스트 「무덤 속에서 발자국 소리가 난다」는 산문으로 쓴 시(a poem in prose)란 개념의 산문시(散文詩 · Prose Poetry) 형태 안에 포에지로서의 환상시 내용을 빼곡히 담고 있다. 빼곡한 환상 내용, 그것은 자물쇠가 채워진 감옥(무덤) 속에서 화자가 유토피아로서의 고향을 꿈꾸며 무덤 속에 묻힌 어머니께 참배하고, 현실에서의 구원의 손길도 없는 무덤 속 고향 산천에 현실에서처럼 모여드는 형제와 이웃들이 존재하는 발자국 소리를 들으면서 평화로이 김이 솟아오르는 정경 속 밥도 짓는 내용이다.

이와 같은 현실(고향)이 전복된 무덤 속(감옥)에서의 밖을 내다보는 아름다운 전원 풍경, 사별한 어머니와의 해후는 시적 주체의 모태(자궁) 회귀 의식의 은유이며, 현실의 배고픔을 해소하는 자궁 안에서의 포만감(밥 짓기 등)은 시인 정다정의 현실 전복 의지가 실현되는 환상시 포에지의 유토피아 지향성에 다름 아니다. 특히 예시의 짤막짤막 이어지는 신태그마(시니피앙 · 기표(記表)의 통합체) 처리(構文)는 이 산문시의 내재율(內在律)을 리드미컬하게 조성해주는 역할이 된다. 시의 총체적 미학 달성에 크게 기여하고 있는 것이다. 본장(本章)으로 넘어가 그의 환상시 레토릭의 수월성이 뛰어난 시들에 대한 면밀한 세부 검색을 진행토록 한다.

2.

정다정 제2시집인 이 시집은 표제가 '고독을 품고 사는 시니피앙들' 이다. 고독(孤獨)이란 어휘를 모르는 시 독자는 없을 터이나 그 고독이 품고 사는 시니피앙(signifier)들의 '시니피앙' 은 무엇인가. 그것은 시니피에(signified)라는 말과 대조를 이루는 페르디낭 드 소쉬르(Ferdinand de Saussure)의 기호학 용어다. 시니피앙은 기표(記表)라 하고 시니피에는 기의(記意)라 번역되는 바, 인간(人間, 사람)이라는 단어에서 시니피앙(記表)은 '인간' 이라는 단어이고, 시니피에(記意)는 '인간' 이라는 의미(意味)이다. 그러니까 정다정 시집명과 시 작품명인 '고독을 품고 사는 시니피앙들' 에서 시니피앙들이란 '단어들' 또는 '기호들' 이 된다. '밤의 산책' 이라는 부제가 달린 텍스트부터 읽어본다.

1
고가古家의 마루에 앉아 생각에 잠기고 있었다
농부가 점심을 기다리고
노파는 밥 준비에 분주하다
농부가 나를 보고 창녀가 있는 마루에서는
밥을 먹지 않겠다고 한다
나는 아무 말 없이 있다가 이런 모욕이
어디가 있냐고 대들었다
슬그머니 논에 나가 타작하는
농부의 모습이 평화롭다
나는 어슬렁어슬렁 들판을 걸었다
한가로운 내가 처량하게 보였다
오죽하면 농부가 창녀라고 할까
나는 혼자다 할 일이 없다 가고 싶은 곳도 없고
먹고 싶은 것도 없다

2
대열에 끼어 길을 가고 있었다

빈터가 있는 동네 앞을
일렬종대 줄을 지어 올라갔다
도중 우물에서 한 대원이 물을 길러 가고 있었다
나는 두레박으로 퍼 올렸으나
워낙 바닥이 얕은 흙물이라 쏟아버렸다
나는 곧장 대열에 합류했고
다른 대원들은 여기저기 흩어져 쉬고 있었다
누군가 아는 척했으나 모르는 여자다
거리의 군중들이 산으로 이동 중에
나무 없는 중턱을 무리지어 가고 있었다

3

허공 속으로 튕겨져 나간 자아
내 의식 세계에 구멍이 뚫렸다
나는 구멍을 메우기 위해 또 하나의 자아를 불러들였다
이 자아는 아무것도 모른다
내게서 벗어나기 위한 수단으로
어쩔 땐 빈 가마솥에 장작불을 지피고
심부름 시키면 방향 몰라 허둥대기도 한다
나는 머리를 한 대 때려주었다
그렇게 능청 떨 작정이라면 멋대로 살아
나는 또 자아를 불러들였다
이 자아는 눈물 흘리며 내 옷자락 붙들고 통사정한다
배가 고파 울안에 가둬둔 하나뿐인 칠면조를 잡아먹고
잔재는 땅속에 묻었어요 아무도 모르게
꼭꼭 깊은 곳에 묻었어요

4
그는 오랜만에 마음의 병상에서 벗어나 거리를 거닌다
항상 걷는 길이지만 색다른 느낌이 든다
벽에 붙은 포스터며
상가 간판 글씨들이 그렇다
그 사이에 거리가 많이 변했다
담 넘어 흐느적거리는 나뭇잎이며
지붕에 휘날리는 깃발도
양손 휘저으며 걸어가는 사람들 모습도 그렇다
하이힐 신은 발목들은 문어발 같은 종아리를 내놓고
종종걸음이다
상점은 한 치의 오차도 없이 진열돼 있고
펄럭이는 옷가게 속옷은 손님을 기다리며 누워 있다
그는 모든 것이 낯설기만 한데
음울한 거울을 들여다보면 굴절된 얼굴이 보인다

—「고독을 품고 사는 시니피앙들-밤의 산책」 전문

이 텍스트에는 화자 나, 노파, 농부, 대원들(군중들), 여자, 그, 사람들, 하이힐 신은 발목들이 등퇴장한다. 대부분 성격 무적(無籍)의 캐릭터들, 즉 시니피앙(記表)들이다. 무의미한 존재자들이다. 다만 '1'의 농부가 화자(나)를 창녀라고 수모를 가하는 시니피에가 된다. 그러나 그도 화자에게는 무수한 현실의 타자들 중 하나일 뿐, 시적 주체의 흔적(삶의 의미론적, 또는 존재론적 기억)이 될 수는 없다. '2'의 고통의 행군, '3'의 자아분열 현상, '4'의 낯선 거리와 경험도 무의미하다. 왜냐하면 화자에게는 할 일도 없고, 가고 싶은 곳도 없고, 먹고 싶은 것도 없는 철두철미한 혼자(고독한 주체)이기 때문이다. 더구나 이 철두철미한 시니피앙에게 타자들 또한 고독을 품고 사는 시니피앙들이다. 이 세상(현실)이 시장자본주의에서('1') 독점자본주의('2'), 후기자본주의('3~4')로 이행해 오면서 인간이 하나의 기표화하는 양태를 정다정의 예시(例示)는 예시(例詩)를 통해 그 미학적(美學的) 양식, 즉 리얼리티즘('1'), 모더니즘('2'), 포스트모더니즘('3~4') 비판의 시정신으로 드러내 보이고 있는 것이다. 산문시 형태 안에 이상과 같은 시적 주체의 환상시 포에지의 현실 전복 의지를 표상화한 정다정 시의 수사학(修辭學, Rhetoric)은 주밀하면서 시니피에를 상실한 현실의 고독한 시니피앙들만, 즉 권력·돈·서푼짜리 명예 투수자들만 준동하는 시대를 드러내 보인다. 무의식의 라캉(Lacan), 차연의 데리다(Derrida), 저자 죽음의 바르트(Barthes), 마침내 보드리야르(Baudrillard)에 이르면 시니피앙이 '고독'이 아닌 '죽음'의 개념으로 인식되는 시대에 우리는 살고 있음을 얘기하고 있다. 정다정 환상시 레토릭의 수일성은 예시에서 마치 희곡의 4막극처럼, 또는 시극처럼 화자를 주인공으로 내세워 조근조근 결코 거칠지 않은 시니피앙의 어조(우수에 찬 어조)로 미감에 가득 찬 채 낱낱이 환상의 수법에 담아 고발하고 있다 하겠다.

이와 같은 정다정 환상시의 고독한, 죽음과도 같은 시니피앙들은 인간이라는 시니피에(존재론적 정체성)를 완전히 상실하고 이 시대 후기산업사회(포스트모더니즘 시대)의 무의미한 사물들 파편으로 전락한 상황을 다음과 같이 적나라하게 묘파하기도 한다.

쓰레기들이 뒹군다
종이쪽지 나일론 끈 깨진 그릇 상다리

본체에서 떨어져 나온 파편들
의미 없이 굴러다니는 타자들 하지만 불평은 없다
바람 부는 대로 나부끼고 흘러가는 대로 모여든다
이미 강 건너간 기의들, 기표들만 떠도는
법칙도 원칙도 없는 제멋대로의 삶
지하상가 간판대에 누워 단꿈을 꾸는, 꿈속에서 멋진 여자와 사랑을 하고, 속삭이다가 헤어지기도 하는, 더 이상 갈 곳이 없는,
눈 떠보면 세상이 귀찮고 세계와 단절된 내면에 충실한 지상의 천사들
누가 눈길 주지 않는다 허기에 지쳐 쓰러져 있으면
한 번 들여다보지 않는다 일에 바쁜 사람들
이른 새벽 기침 쿨럭쿨럭 해대며 오바 깃 올리고 앞만 보고 달려가는 지성인들
거들떠보지 않는다
헌 누더기 걸치고 군데군데 무릎 맨살 드러내놓고 길가에 누워 있으면
하루에도 몇 번씩 이승과 저승을 넘나들며 몽롱한 꿈에 취해버린 그들
다를 것이 무엇이 있는가 종이쪽지와 노숙인들
본심을 이탈한 집을 나와 길가를 떠도는 시대의 초상들
한쪽 날개에 상처뿐인 우울한 삶의 부스러기들이 뒹구는 도시의 뒷골목은 불안하다
파편들은 노래한다 우리는 침묵할 뿐이라고

—「파편들의 침묵」 전문

이렇게 정다정 환상시의 레토릭(Rhetoric)은 탈현식적 상상력의 리얼리티를 구사한다. 누구에게 눈길을 줄만한

본체(本體, 현실 본질)도 아닌 그 파편들이 현실을 이루고 있는 시대는 자유분방하다. 고통조차 느낄 수 없으리만치 철저히 해체된 파편들로서의 시니피앙(개인)들이 이 세계를 구성인자인 이상 이 시대 공간은 꿈도 희망도 없는 종이쪽지와 같은 노숙자들의 현실인 것이다. 그럼으로 그 침묵은 당연하기로 정다정 환상시는 말한다. 그 벌레방에 들어가본 이야기를―.

> 벌레 방에 들어갔다 최소한 몸을 웅크리고 비좁은 공간 속으로 들이대는 나를 보고 벌레들은 방어태세를 취한다 나는 뒹굴었다 벌레와 한 몸이 되어 작아지고 작아져서 결국 벌레만큼 되었다 벌레가 먹는 음식을 먹고 벌레 눈을 가졌다 벌레처럼 행세를 했다 그들은 나를 모른다 아마 사촌쯤으로 알고 있을 것이다 가냘픈 숨소리가 여기저기서 흘러나오고 몇몇은 남의 등 위에 얹혀 자고 있었다 나는 할 수 없이 왕 벌레의 큰 눈 속으로 스며들었다 편안하게 벌레의 눈으로 밖을 보고 세상 물정을 감지할 수 있었다 벌레의 자양분을 먹고 그가 지향하는 모든 방향을 조절했다 그러나 일시적인 현상일 뿐 길게 가지는 못했다 눈을 감고 보여주지도 않고 맑은 공기를 마셔주지도 않았다 특히 먹어주지 않아 허기가 졌다 죽음을 무릅쓰고 튀어나왔다 (2연 생략, 시집 본문 참조)

예시는 「벌레방」 제1연 전문(全文)인데 프란츠 카프카의 세기적 캐논 『변신(變身)』과 닮은 정다정 환상시의 산문시 걸작이다. 제1연의 위와 같은 시적 주체가 벌레로 변신, 그 벌레 세계의 '왕벌레' 까지 조정하는 변신을 거듭하지만 결국은 벌레가 되지 못하고 탈출, 제2연의(생략 부분) 개미 떼에게 제물이 되었다가 장대비가 쏟아진 강물로 떠내려가는 꼴을 스스로 조망해 보게 된다.

예시의 환상성은 벌레가 되었다가 왕벌레의 눈 속으로 잠입하고 그런 왕벌레를 조종하는 권력도 누리다가 결국 적응치 못하고 탈출해 다시 같은 벌레인 개미 떼에게 벌레로 납치됐다가 개미 떼로부터도 벗어나 빗물에 떠내려가는데 그 자신의 모습을 멀리서 조망하는 시적 주체의 자아분열상이 돌올성을 띠고 그려지고 있다.

이와 같은 정다정 환상시는 과거 특정 시기에 생성, 확산된 장르에 불과하다거나 저급문학, 주변문학이라는 종래의 관념에 일침을 가한다. 인간이 벌레가 될 수도 없다는 환상 문학의 진일보된 포에지로의 확산을 도출하고 있기 때문이다. 이는 종래의 문학관인 미메시스의 모방관을 뛰어넘을 뿐만 아니라, 즉 사건, 사람, 상황, 대상을 모사하려는 욕구 따위가 아닌 현대 인간의 탈권태를 형상화한다. 결국 정다정의 환상시(예시)는 권태로부터 탈출, 놀이(왕벌레 눈 속 틈입), 혁명(왕벌레 조종), 독자의 언어 관습에 저항하는 등의 환영(幻影)을 형상화하지만 결국은 자신이 벌레가 된 채 강물에 떠내려감을 멀리 바라보고 있는 환상적 은유를 통해 우리에게 권태(현실 개조 욕망의 정지 상태)의 환상미학을 보여준다. 이와 같은 리얼리티는 물론 환상적 심상을 바꾸어 변화시키려는 환상 문학의 본질은 결국 인간의 통치적 권력이든 그 노예적 예속에서든 일탈을 꿈꾸는 탈리얼리즘 문학인 셈이다. 그 캐스린 흄(Kathryn Hume)의 환상 문학론 중 환상이 성찰을 가져오는 환상 문학의 중요한 성찰문학이란, 새로운 리얼리티(환상)를 제시함으로써 리얼리티 자체를 성찰하도록 유도하는 방식이다. 그리고 교정 환상 문학이 있는데, 이것은 리얼리티의 수정과 미래의 새로운 세계를 형성하기 위한 세계의 전개를 말한다. 정다정 환상시는,

(……)
누구는 웃고 누구는 우는 비정한 갈림길에서
누추한 식솔들은 누워 있다
그렇게 도도한 밤은 흘러가고
새벽이면 성당의 종소리에 눈을 뜬다
조용한 거리 어제의 광기는 찾아볼 수 없다

빵 같은 공기 같은 물 같은 소년 소녀들이 나부끼는 거리엔
구름이 몰려와 뒹굴고
아이들은 철없이 바라보며 순수를 노래한다
미래의 주체들, 꿈의 질량 보듬고 거리를 누빈다

(……)
서울의 밤은 깊어가고
유리창에 흘러내린 질퍽한 불빛들
도시인들은 불안하다 좌절한다 흐느껴 운다

—「서울의 밤」 부분

—에서와 같이 서울이라는 대도시 사람들 삶의 리얼리티를 불안하여 좌절해 흐느끼는 삶으로 보고 그것을 모방하는 미메시스 문학의 허위를 성찰, 교정하는 태도(Stance)를 취한다. 리얼리티의 일탈을 꿈꾸는 환상시인 것이다. 윤리의식(倫理意識)은 어떤가.

나를 강요하는 아버지, 아버지 의지가 내 삶, 삶 속에 파고 드는 아버지 지팡이, 지팡이를 까딱거리며 나는 날아간다 내 상투 꼭대기에 앉아 있는 아버지 길고 짧은 것은 대 봐야 알겠지만 내 머리는 아버지보다 둔하다 내 키는 아버지보다 작다 나를 억압하지 말아요 나는 반항한다 나는 아버지를 묵살한다 구역질이 나요 나는 아버지의 발자국을 지워버렸다

비밀요원들이 수갑을 가지고 방으로 들이닥친다 나는 죄지은 일 없다고 외쳤다 수갑은 안 돼요 비밀요원의 몸을 붙잡고 울부짖었다 그런데 손에 든 것은 수갑이 아니라 약봉지다 비밀요원은 내 상처에 약을 발라준다 비밀요원이 되자마자 나는 사라져버렸다

—「비밀요원」 전문

정다정 환상시의 화자는 아버지를 권력으로 보며 그 때문에 자신을 억압하는 아버지 권위에 구역질을 느끼고 아예 무시해버린다. 살해해버린 것이다. 그러자 비밀요원들이 그를 체포하려고 수갑을 채웠으나 그것은 수갑이 아니라 약이었고, 그의 동조자들이었는데 결국 그는 살부죄를 지어 영원히 사라져버린다. 이와 같은 정다정 환상시의 현실 권력에 대한 반성과 교정 문학 정신은 현실 리얼리티에서의 일탈(逸脫)은 가능할지 몰라도 결코 성공한 쿠데타란 보장받을 수 없음을 반성케 하는 것이다. 그것은 욕망이며 인간의 그 눈에 보이지 않는 욕망은 끊임없이 반복되는 인간의 환상일지도 모른다는 교훈을 던지고 있는 것이다.

이제 정다정 환상시가 아름다운 레토릭을 얻어 또한 아름답기 그지없는 환상시의 극치를 보이는 텍스트에 주목하는 것으로 척박하게나마 정다정 제2시집 『고독을 품고

사는 시니피앙들』 평설글의 피리어드를 놓고자 한다.

① 벽 앞에 서 있다 벽 속에는 새싹이 움트고 있다 지금은 딱딱하고 캄캄하지만 때를 기다리는 장밋빛 빛살이 숨 쉬고 있다 어느 땐가 불쑥 튀어나올 때 벽은 무너지고 화려한 줄기 가진 나무가 무성한 잎을 나풀거릴 것이다 꽃으로 등을 켜고 열매가 익어갈 것이다 새들이 날아들고 그늘 아래 바람은 쉬어가고 그 바람의 눈에는 먼 길도 가깝게 보인다 툭툭 튀는 햇살, 한여름 숲 속 같다 어디선가 솔 냄새 그윽하게 풍기고 매미소리 칠 년의 기다림을 풀어낸다 어느덧 여름은 가고 어둠이 다가왔다 벽은 다시 딱딱하게 굳어가고 나는 절망하며 새싹의 아쉬움을 삼킨다

② 덧없이 바래보든 壁에 지치어
불과 時計를 나란히 죽이고
어제도 내일도 오늘도 아닌
여긔도 저긔도 거긔도 아닌

꺼져드는 어둠속 반딧불처럼 까물거려
靜止한 〈나〉의
〈나〉의 서름은 벙어리처럼….

이제 진달래꽃 벼랑 햇볕에 붉게 타오르는 봄날이 오면
壁차고 나가 목메어 울리라! 벙어리처럼,
오– 壁아

①은 정다정 환상시 「내가 불러보는 이름들 –6. 벽」이고 ②는 미당 서정주의 1936년 〈동아일보〉 신춘문예 당선

작 「璧」이다. 둘 다 '璧'을 노래하고 있는 바, 그 주제, 즉 벽 속에 갇힌 존재론적 고립(고독)감도 같고 벽에 끝없이 갇혀 영원한 갇힌 존재의 탈주가 무방한 세계(마음)를 형상화하고 있다. 그러면서 새싹의 어둠을 걷어내고 푸르른 새 생명을 열망하는 정다정 환상시의 지향성은 정지(靜止)하지 않는다. 미당의 지향성(포에지)과 한 치도 다르지 않다. 정다정 환상시의 컨텍스트성은 이래서도 빛난다. 그의 환상시가 아름다운 레토릭을 확보하고 있음도 저러한 우리 시 문학의 전통적 맥락이 살아 있고 그것도 미당과 같은 정통에 잇닿아 있다는 확고한 시정신(포에지)에 의해 달성되고 있다는 사실(Fact)에 우리는 무한한 법열의 경지를 정다정 환상시의 미학에서 맛볼 수 있음이 아닌가 사료하는 바이다.

2013년 6월

서울 삼개나루 수당헌(樹堂軒)에서

문학세계대표작가선 687

고독을 품고 사는 시니피앙들

정다정 시집

인쇄 1판 1쇄 2013년 6월 21일
발행 1판 1쇄 2013년 6월 28일

지 은 이 : 정다정
펴 낸 이 : 金天雨
펴 낸 곳 : 도서출판 天雨
등 록 : 1992. 2. 15. 제1-1307호
주 소 : 서울시 성동구 무학봉28길 6 금용빌딩 2F(하왕십리동 966-23)
전 화 : 02)2298-7661
팩 스 : 02)2298-7665
http://www.moonhaknet.com
E-mail : ing@moonhaknet.com

값 7,000원

ISBN 978-89-7954-539-5